河南财经政法大学华贸金融研究院2021一般项目基金

内部控制审计功能与质量

仇立文◎著

中国经济出版社
CHINA ECONOMIC PUBLISHING HOUSE

·北京·

图书在版编目（CIP）数据

内部控制审计功能与质量 / 仇立文著. ――北京：中国经济出版社，2022.9

ISBN 978-7-5136-0998-2

Ⅰ.①内… Ⅱ.①仇… Ⅲ.①内部审计－研究 Ⅳ.①F239.45

中国版本图书馆CIP数据核字（2022）第168362号

责任编辑　张梦初
责任印制　马小宾
封面设计　任燕飞

出版发行	中国经济出版社
印 刷 者	北京力信诚印刷有限公司
经 销 者	各地新华书店
开　　本	710mm×1000mm　1/16
印　　张	13.25
字　　数	200千字
版　　次	2022年9月第1版
印　　次	2022年9月第1次
定　　价	78.00元

广告经营许可证　京西工商广字第8179号

中国经济出版社　网址　www.economyph.com　社址　北京市东城区安定门外大街58号　邮编　100011
本版图书如存在印装质量问题，请与本社销售中心联系调换（联系电话：010-57512564）

版权所有　盗版必究（举报电话：010-57512600）
国家版权局反盗版举报中心（举报电话：12390）　　　服务热线：010-57512564

序　言

内部控制审计的产生源于资本市场发展到一定阶段时公司的内部和外部需求，理论渊源在于审计的受托责任观。受托责任概念是一切审计工作的出发点，内部控制审计为公司披露信息的真实性、完整性提供保障，抑制了经济利益的不确定性。当前内部控制审计制度已经成为各国资本市场中规范公司内部控制、预防管理层舞弊事件发生的一项重要的治理机制和制度安排。

随着中国资本市场的发展，资本市场的监管在不断变化中加强。监管工作不但包括对上市公司的监管也包括对会计师事务所的监管，并且不同层次的监管要求不断增强。在政府监管资源有限的情况下，外部市场监管包括外部审计的实际需求不断增强。近年来公司舞弊和违规事件频发，从数据上看监管层对上市公司的问询函、监管函和行政处罚数量不断增多，且有会计师事务所在公司诉讼中成为被告，被要求承担连带责任。一方面，这些信号说明在经济高质量发展的要求下，监管需求在不断提升，市场优胜劣汰机制逐渐形成。另一方面，随着处罚和法律风险的增加，公司管理层的思想观念也在发生变化，当舞弊的成本过高时，公司管理层也会及时调整管理策略并改进公司内部控制和治理机制。市场环境、社会和公司治理各项因素会随之影响公司的文化和治理，公司管理层对改进公司内部控制的积极性也会显著提高。

仇立文博士的《内部控制审计功能与质量》一书从探究内部控制审计功能实现出发，从审计理论中审计的监督功能、信息功能和保险功能三个层次检验了中国内部控制审计的功能实现，最后探讨了中国内部控制审计的质量问题。本书系统性检验了内部控制审计这项制度安排的预期功能实现和当前存在的问题，为学术界和市场各利益相关方提供了研究与思考的依据与线索。

本书也说明，随着中国经济和资本市场的不断发展，中国审计在实务界和学术界也都处于不断发展之中。

张立民

2022 年 7 月 26 日

前　言

中国的资本市场经过了30多年的发展，各项制度逐渐完善，市场中的各项治理机制也逐渐形成。"上市公司审计"作为一项外部治理机制，在保障上市公司信息披露质量、维护市场秩序和保护公众利益方面发挥着积极的作用。在整个市场体系中，随着各项市场化机制的健全，外部审计的监督功能与信息功能也逐渐发挥出其应有的功效。然而，由于外部审计固有风险、上市公司代理问题以及监管制度不完善等因素的存在，在全球各大资本市场中发生了大量的上市公司舞弊以及公司内部控制缺陷等问题。21世纪初发生在美国的安然事件，以及近年来中国资本市场中一系列涉及公司舞弊和内控缺陷的案件，不禁让市场利益相关者关注公司内部控制以及与之相关的外部审计的功能发挥问题。

审计学术界认为审计是分析性的，它对会计计量和声明的基础进行分析和调查。审计不是源于它所审查的会计，而是源于赖以支持其观念和方法的客观需求。在财务报告审计中，公司内部控制的有效性是进行财务报告审计的基础，可以排除公司管理层舞弊和差错的或然性，从而保证财务报告审计质量。然而，公司内部控制是利润动机的自然产物，现代公司治理机制下的内部控制系统在受到压力和干扰的情况下会影响其应有的效力。而公司内部控制系统的完整性直接影响着审计质量，以及上市公司财务报告审计合理保证的有效程度。因此内部控制审计也是审计理论发展和审计学科前沿的共同关注点。

笔者撰写本书的目的正是基于学术界的理论与学科发展需求和实务界的市场检验需求。在现代审计中，财务报告审计依赖公司内部控制及对应的内部控制系统环境。内部控制审计作为一种独立的审计制度，一方面作为一种过程审计可以对公司的内部控制进行研究和评价，用以确定财务报告审计范围并制定审计程序，从而保障公司财务信息可以真实有效地传达给审计师，并最大效率地完成审计任务。另一方面，内部控制审计的审计范围不局限于公司财务报告系统本身，其对公司内部控制缺陷信息的识别与披露可以在最大程度上遏制管理层的舞弊行为，并为监管层节约有限的监管资源。本书以内部控制审计所要达成的目标为切入点，以内控审计制度实施十年来沪深证券交易所上市的A股上市公司为样本，以审计需求理论为基础，从审计保险理论、信息理论和代理理论三个方面检验内部控制审计的监督功能、信息功能和保险功能，力求探究内部控制审计制度在中国资本市场中是否达到预期的目标和效果，揭示投资者、监管层和其他利益相关者共同关注的内部控制审计治理机制对公司内部控制、会计信息质量和审计质量作用及影响的问题。

在代理理论视角下，内控审计发挥监督功能，主要体现在减少财务重述的发生并抑制管理层应计项盈余管理活动。内控审计意见可以预警公司未来发生财务重述、违规处罚和应计项盈余管理的可能。内控审计监督功能在一定程度上得到了发挥，对监督公司识别内控缺陷、改善内部控制起到了一定作用，但业绩压力和公司固有内控缺陷的存在让公司违规违法行为和盈余操纵存在机会；同时，非标准内控审计意见并不能督促公司对内控缺陷进行纠正以减少财务重述、违规处罚和应计项盈余管理行为的发生。公司存在的内部控制重大缺陷很难在短期改变。在信息理论视角下，内控审计发挥信息功能，通过非标内控审计意见传递了公司存在重大内部控制缺陷以及可能导致财报舞弊的风险信号，引起了投资者的负向市场反应；同时，非标内控审计意见强化了非标财报审计意见的负向市场反应，市场投资者对于存在重大内控缺陷的公司更倾向于"风险厌恶"。在保险理论视角下，内控审计发挥保险功能增加了审计的保险价值。审计费用中包含了内控缺陷可能导致法律风险的溢价，"四大"（四大会计师事务所，包括普华永道、德勤、毕马威、安永）的审计费用增加更为显著。法律风险在内控缺陷与审计费用之间起到了部分中介作用。审计师会对高法律风险公司出具非标内控审计，从而在为公司释放法律风险的同时也缓解了自身的责任。关于内控审计保险价值的研究也表明，审计的保险价值只有在健全法律环境中才能得到体现。因此资本市场中的监管层必须进一步完善相应的法律制度，建立投资者保护制度，消除法律环境的地区差异，同时加大对存在内控缺陷公司的处罚和监管力度。这样才能实现内部控制审计规范公司内部控制，遏制公司舞弊行为的目标，更好地实现审计的保险价值和保险功能。

内控审计质量是充分实现内控审计功能的重要保障，当前市场中内控审计并不能充分提升财务信息质量和相应的财务报告审计质量。市场中存在的内控审计意见购买活动影响了内控审计功能的充分发挥，内控审计监督功能和保险功能的发挥并不充分。目前在内控审计功能发挥中，审计信息功能相对于监督功能和保险功能的作用更加显著，监督和保险功能有待提升。提高内控审计质量是充分发挥内控审计监督和保险功能的必然选择。只有充分提升内控审计质量，并加强监管举措，才能充分实现内控审计的各项功能，最终实现提升财务报告审计质量进而遏制管理层机会主义行为的治理目标。

本书的研究丰富了审计需求理论在外部审计治理上的应用，对于审计代理理论、信息理论和保险理论在内部控制审计中的应用具有一定的指导意义；也从内部控制审计这项实务审计中，阐述了投资者保护理论、信息披露理论的实践意义。同时，检验了审计监督这项受托经济责任的履行，并肯定了内部控制审计功能发挥是实现公司外部治理机制的必要条件，从理论上给未来的内控审计实现机制提供了具体的研究方向。从内控审计风险溢价的角度检验了内控审计的保险价值，从公司和审计师的视角检验了内部控制审计意见的风险转移功能，还证实了审计保险理论在内控审计中的应用，对进一步探索审计保险制度具有一定的理论意义。本书也有助于监管层全面了解评价实施内部控制审计功能发挥的效果以及给中国资本市场带来的影响，对监管层政策制定具有重要的现实意义。

当前我国资本市场的各项制度改革已经进入深水区。2019年证券法修订实施，特别代表人诉讼落地实施，证券虚假陈述司法解释修订。投资者保护新格局的形成，进一步明确了中介机构的责任。会计师事务所承担审计失败后的连带责任问题得到了进一步的确认。2020—2021年上市公司非标准审计意见的数量激增，也说明在市场需求和监管政策的双重压力下，外部审计功能正在持续发挥作用。外部审计的监督功能、信息功能和保险功能发挥得越充分，资本市场的活力和效率提升得就越明显。2022年3月，财政部和证监会向注册会计师行业提出了进一步提升上市公司财务报告内部控制有效性的指导性意见。本书正是在当前中国资本市场各项改革和政策实施的背景下完成的，相信会给学术界和实务界带来审计理论与实践发展的启示与参考。对于本书的完成，特别感谢张立民教授的指导与建议，他在审计理论界的高深造诣让笔者受益颇丰，再次深致谢意。同时也特别感谢河南财经政法大学华贸金融研究院的大力支持。感谢中国经济出版社编辑的大力推荐和支持。

仉立文

2022年6月28日

目 录

1 引言 ... 1

1.1 研究背景与研究问题 ... 1
1.1.1 研究背景 ... 1
1.1.2 研究问题 ... 4

1.2 核心概念的界定与分析 ... 9
1.2.1 内部控制 ... 9
1.2.2 内部控制审计 ... 10
1.2.3 审计监督、信息与保险功能 ... 11
1.2.4 内部控制审计质量 ... 13

1.3 内容框架与研究思路 ... 13
1.3.1 研究思路 ... 13
1.3.2 研究方法 ... 16
1.3.3 章节安排 ... 17

1.4 研究创新与研究意义 ... 18
1.4.1 研究创新 ... 18
1.4.2 研究意义 ... 20

2 文献回顾 ... 23

2.1 内部控制审计与财务报表审计 ... 23
2.1.1 财务报表审计与内部控制审计的区别与联系 ... 23
2.1.2 整合审计的研究综述 ... 25

2.2 内部控制审计的影响因素和经济后果 ... 27
2.2.1 内部控制审计的影响因素 ... 27

2.2.2　内部控制审计的经济后果 ·· 28
　　　2.2.3　内部控制审计的市场反应 ·· 30
　2.3　内部控制的审计质量 ·· 31
　　　2.3.1　内部控制的审计质量与行业监管 ·· 31
　　　2.3.2　审计师与客户关系 ··· 32
　　　2.3.3　审计意见购买 ··· 35
　2.4　现有研究文献评价 ·· 38

3　制度背景与理论基础 ·· 41
　3.1　公司外部审计的职能 ·· 41
　3.2　内部控制审计制度发展 ·· 43
　　　3.2.1　国外内部控制审计制度发展历程 ·· 43
　　　3.2.2　国内内部控制审计制度发展历程 ·· 45
　3.3　监管环境的发展与变革 ·· 46
　　　3.3.1　金融监管发展与需求 ·· 46
　　　3.3.2　法律环境建设 ··· 49
　3.4　理论基础 ·· 51
　　　3.4.1　审计需求理论 ··· 51
　　　3.4.2　政府监管理论 ··· 53
　　　3.4.3　不完全契约理论 ·· 54
　　　3.4.4　有效市场理论 ··· 55
　3.5　理论分析框架 ··· 56

4　内部控制审计与审计监督功能 ··· 59
　4.1　研究背景 ·· 59
　4.2　理论分析与研究假设 ·· 60
　4.3　研究设计 ·· 64
　　　4.3.1　实证模型 ·· 64

4.3.2　变量定义 ·· 67
　　　4.3.3　数据来源 ·· 68
　4.4　实证结果与分析 ·· 70
　　　4.4.1　描述性统计 ··· 70
　　　4.4.2　多元回归结果分析 ·· 73
　4.5　拓展性检验 ·· 79
　4.6　本章小结 ·· 81

5　内部控制审计与审计信息功能 ··· 83
　5.1　研究背景 ·· 83
　5.2　理论分析与文献回顾 ·· 84
　5.3　研究假设 ·· 85
　5.4　研究设计 ·· 86
　　　5.4.1　实证模型 ·· 86
　　　5.4.2　变量定义 ·· 87
　　　5.4.3　数据来源 ·· 88
　5.5　检验结果 ·· 89
　　　5.5.1　描述性统计 ··· 89
　　　5.5.2　单变量分析 ··· 90
　　　5.5.3　多元回归结果分析 ·· 92
　5.6　稳健性检验 ·· 94
　5.7　本章小结 ·· 95

6　内部控制审计与审计保险功能 ··· 98
　6.1　研究背景 ·· 98
　6.2　理论分析与研究假设 ·· 99
　　　6.2.1　内部控制审计与审计费用 ··· 99
　　　6.2.2　内控缺陷对法律风险中介效应的影响 ···························· 101

6.3 模型设定与实证方案ㆍ102
6.3.1 样本选择ㆍ102
6.3.2 变量设计与模型构建ㆍ103
6.4 实证结果与分析ㆍ105
6.4.1 描述性统计ㆍ105
6.4.2 多元回归结果分析ㆍ107
6.4.3 进一步分析与稳健性检验ㆍ112
6.5 内部控制审计意见与法律风险ㆍ116
6.5.1 研究假设与模型ㆍ117
6.5.2 检验结果ㆍ119
6.6 本章小结ㆍ121

7 内部控制审计质量与审计功能实现ㆍ123
7.1 本章研究背景与预期贡献ㆍ123
7.1.1 研究背景ㆍ123
7.1.2 预期贡献ㆍ124
7.2 理论分析与研究假设ㆍ124
7.3 研究设计ㆍ126
7.3.1 实证模型与变量定义ㆍ127
7.3.2 样本选择ㆍ132
7.4 实证结果与分析ㆍ132
7.4.1 描述性统计ㆍ132
7.4.2 多元回归结果分析ㆍ134
7.4.3 进一步分析与稳健性检验ㆍ137
7.5 内部控制审计意见购买ㆍ140
7.5.1 研究假设与模型ㆍ140
7.5.2 检验结果ㆍ143
7.5.3 进一步分析ㆍ145

7.5.4　稳健性检验 ·· 148
　7.6　本章小结 ··· 149

8　研究结论和政策建议 ·· 152
　8.1　主要研究结论 ··· 152
　8.2　政策建议 ··· 158
　8.3　研究局限和未来研究方向 ··· 160

参考文献 ··· 164

附录A　第4章相关系数表 ·· 188

附录B　第6章相关系数表 ·· 190

附录C　第7章相关系数表 ·· 192

附录D　Fama-French三因子模型因子构建说明 ····························· 194

图目录

图1-1 本书研究思路和内容框架 ················15
图1-2 本书结构安排 ················18
图3-1 理论分析框架 ················57
图5-1 [-7，+7]窗口的股票AR均值曲线 ················91
图5-2 [-7，+7]窗口的股票CAR均值曲线 ················91

表目录

表4-1 变量定义 ·· 65

表4-2 PSM匹配质量 ·· 69

表4-3 总样本描述性统计 ·· 70

表4-4 PSM配对后混合样本描述性统计 ·· 71

表4-5 处理组样本描述性统计 ·· 72

表4-6 控制组样本描述性统计 ·· 73

表4-7 模型（4-1a）、模型（4-2a）、模型（4-3a）和模型（4-4a）回归结果 ·· 74

表4-8 模型（4-1b）、模型（4-2b）、模型（4-3b）和模型（4-4b）回归结果 ·· 76

表4-9 模型（4-8）和模型（4-9）回归结果 ·· 77

表4-10 模型（4-1a）、模型（4-2a）、模型（4-3a）和模型（4-4a）全样本回归结果 ·· 79

表4-11 交乘项回归检验结果 ··· 80

表5-1 变量定义 ·· 87

表5-2 内控审计意见和财报审计意见的组合分布（2011—2018年） ·················· 88

表5-3 被出具非标内控审计意见公司CAR均值及T检验结果 ························· 89

表5-4 三因子模型计算CAR值的多元回归结果 ·· 93

表5-5 市场调整模型计算CAR值的多元回归结果 ······································· 94

表6-1 变量说明 ·· 103

表6-2 本章模型涉及变量的描述性统计 ·· 105

表6-3 审计费用平均增长率 ·· 106

表6-4 回归结果 ·· 108

表6-5	法律风险的中介效应检验	110
表6-6	Sobel-Goodman 中介检验	111
表6-7	法律环境分组回归结果	113
表6-8	未实施内控审计公司法律环境中介效应检验结果	114
表6-9	2011—2018年沪深A股上市公司违规事项被处罚的数量	118
表6-10	法律风险与内控审计意见	119
表7-1	内控缺陷估计模型回归系数	128
表7-2	高质量内控审计和低质量内控审计	129
表7-3	本章模型中使用的变量及定义	131
表7-4	主要变量描述性统计结果	133
表7-5	内控审计质量分组描述统计结果	134
表7-6	模型（7-2）回归结果	134
表7-7	模型（7-3）回归结果	136
表7-8	公司市值分组检验结果	138
表7-9	模型（7-6）回归结果	145
表7-10	模型（7-7）回归结果	146
表7-11	模型（7-8）检验结果	148

1 引言

1.1 研究背景与研究问题

1.1.1 研究背景

（1）现实背景

近年来，中国资本市场中的财务造假案件层出不穷。万福生科、金亚科技和康美药业的虚假披露和财务造假案件让资本市场中的投资者和监管者对抑制公司管理层机会主义行为的内部控制治理机制和对应的外部审计治理机制产生了疑问。公司舞弊和财务造假会阻碍资本市场有效运行、伤害投资者信心并扭曲有限资源的配置，因此各国政府都制定了相应的治理机制来进行应对。

21世纪初安然造假引发的金融危机至今让人记忆犹新。危机后，为了避免公司舞弊和财务造假行为的发生，保障公司财务信息可靠，各国制定了将公司内部控制自发实施转变为监管部门强制推动的监督机制。2002年7月美国国会颁布的《萨班斯法案》（也称《萨班斯-奥克斯利法案》，以下简称SOX法案）强制要求上市公司遵守其规则，公开对外披露公司内部控制信息并出具自我评价报告来证实公司内部控制的有效性。若是管理层发现内部控制存在重大缺陷，则需要将内部控制重大缺陷向公众披露来增强公司自身内部控制信息披露的透明度。SOX法案第404条款要求公司聘请独立的外部审计师对公司内部控制的有效性出具审计意见来增强披露内控信息的真实性。

SOX法案实施后，在全球范围内，各国资本市场纷纷开始效仿制定相应的制度及规范。2010年，我国财政部会同证监会、审计署和保监会制定《企业内部控制应用指引第1号——组织框架》《企业内部控制评价指引》和《企业内部控制审计指引》，旨在促进我国企业建立、实施和评价内部控制，规范会计师事务所内部控制审计行为。规定自2012年初起在沪深主板上市公司实施，我国以上三个指引中规定企业须出具遵循内部控制框架的内部控制自我评价报告，同时要求外部审计师对企业内部控制有效性进行审计并出具内部控制审计报告。《企业内部控制审计指引》明确指出，当公司内部控制存在重大缺陷或多个重要缺陷时，审计师当出具非标内部控制审计意见。2012年，财政部颁布的《关于主板上市公司分类分批实施企业内部控制规范体系的通知》要求，在境内外同时上市的公司自2011年起施行内部控制审计，而在沪深主板上市的公司应自2012年起施行内部控制审计。至此，A股主板上市公司陆续进入"双审计"[①]模式。

国外研究表明，监管层对内部控制审计意见的关注度超过了持续经营审计意见（DeFond and Lennox，2015）。从我们的统计来看，中国沪深两市进行内部控制审计的公司已经从2011年的998家上升至2018年的2531家，非标准内部控制审计意见占总内部控制审计意见的比例从2011年的不足1%提升至2016年的4.7%（CSMA，2016）。而非标准财务报告审计意见在财务报告审计意见中的比例保持在3.5%上下，持续经营审计意见比例小于2%。内部控制审计属于行为过程审计（李明辉，2010），其审计过程和审计意见类型难以预测；而财务报告审计可以通过公司公告、季报、年报和公司业绩来进行对比预测。因此，我们有更强的需求去了解内部控制审计的过程和内容（Newton et al.，2016）。

根据我国《企业内部控制审计指引》，内部控制重大缺陷是出具非标内部控制审计意见的重要标志，而一般缺陷和重要缺陷是要求整改和披露的内容。审计师应当评价内部控制一般缺陷和重要缺陷是否能够构成重大缺陷，当构成重大缺陷时应当出具非标审计意见。这就意味着在对缺陷进行分类披露时，一般投资者无法获知企业内部控制一般缺陷和重要缺陷的内容（Mont，

---

① "双审计"：公司同时接受财务报告审计和内部控制审计。

2015）。如果审计师不能及时发现公司的内部控制缺陷，则公司管理层舞弊以及一系列的违规违法行为就很难被遏制。近年来，中国资本市场的舞弊丑闻频发：2013年，万福生科虚构利润，虚假记载，推迟披露，重大遗漏，欺诈上市；2015年，金亚科技虚构利润占用资产；2016年，康美药业财务造假。同时，在海外资本市场的财务造假行为也屡见不鲜。2019年5月17日，中概股上市公司瑞幸咖啡正式登陆美国纳斯达克。2020年4月2日，瑞幸咖啡自曝财务造假，涉及销售总金额约为22亿元人民币，在全球资本市场引起轩然大波，对中国上市公司造成了严重的负面影响。

管理层的舞弊行为造成的违规违法事件给中国的资本市场带来了前所未有的恶劣影响。内部控制审计制度旨在提高财务报告审计质量，遏制管理层舞弊行为，至今，内控审计已经在中国实施了8个年头。但在众多公司因舞弊违规违法的同时，我们不禁要问，作为独立审计的内部控制审计是否起到了应有的作用？内部控制审计可以在多大程度上遏制管理层舞弊及会计差错的发生？

（2）理论背景

内部控制审计和财务报告审计有着相同的理论渊源，但内部控制审计在审计目标、内容边界、业务性质和审计主体上都和财务报告审计存在区别。《企业内部控制审计指引》第5条规定，"注册会计师可以单独进行内部控制审计，也可以将内部控制审计与财务报告审计整合进行"。也就是说，公司可以选择独立于财务报告审计的审计师来承担自身的内部控制审计业务。

审计需求的代理理论认为，审计的产生是社会力量的选择。审计是委托人与代理人的共同需求，是为了降低委托代理关系中的代理成本；而内部控制审计对管理层舞弊行为和内部控制缺陷的查证更可能为委托人提供其真正所需要的服务。通过审计促进经济效率、提升市场的公平公正，节约委托人和监管者的监督成本。审计需求的信息理论认为，信息使用者的直接需求就是审计的鉴证机制，而审计可以改善财务信息质量、提高财务信息可信性；同时，可以将企业的财务信息使用者扩大到所有现在或潜在的投资者、债权人及其他利益相关者。通过查证和发现公司的内部控制缺陷来修正公司的内部控制信息系统，合理规划审计范围和审计控制测试，规范公司内部控制以减少公司舞弊的或然性，可提高财务报告信息质量和财务报告审计质量。审计需求的保险理论认为，审计是财务报表风险的一个转移机制。作为第三方，独立审计师在完成信息鉴证报告的同时，也就成为信息风险的共同承担者。审计也给审计师带来了必须承担的责任和相应的诉讼风险，审计师的民事责任不断扩大，投资者在内部控制审计失败后可以从审计师那里获得损失赔偿。总之，内部控制审计的设计和目标符合审计理论中对审计最本质功能和特征的描述。那么这项制度实施以来，是否达成了所预期的效果？从审计需求的角度来考量，是否可以满足审计理论对审计需求的定义？这些都需要我们去检验考量。

目前，资本市场上发生的一系列舞弊行为让我们不禁从审计理论的视角去思考内控审计的功能能否实现的问题。首先，内控审计作为一种外部治理机制，一般审计的监督、信息和保险基本功能在内控审计中需要得到检验。依据审计基础理论，现阶段内控审计制度发挥的效能如何，如何进一步去改进。其次，我们注意到内控审计质量是内控审计能否发挥其功能的主要因素。由于内控审计信息的不可获得性、审计师行业专长、审计市场竞争、资产专用性和审计准租金问题的存在，内控审计质量会受到比财报审计质量更复杂的因素的影响。内控审计师在这样的背景下如何保证内控审计质量不受损就显得至关重要。最后，导致内控审计质量受损的审计意见购买行为会产生不良的经济后果。内控审计意见购买也会背离审计"受托经济责任"的基本概念，严重影响审计治理控制，妨碍内控审计功能的发挥。因此，我们需要认识并厘清内部控制审计与审计基本理论的关系，结合内控审计在基础审计理论背景下的实践进行研究。

1.1.2 研究问题

基于以上现实和理论背景，本书研究的问题可以细化为以下几个方面：

第一，基于审计需求的委托代理理论和内部控制审计的基本目标，研究内部控制审计监督功能的发挥。也就是检验实施内控审计后，内控审计的监督功能如何在提高财务信息质量和抑制管理层机会主义行为方面发挥作用。具体为检验实施内控审计在遏制财务报告重述、行政监管处罚、应计盈余管理和真实盈余管理中的作用，以及研究公司内部控制水平的差异是否会对内部控制审计的监督功能产生影响。内部控制审计意见是否可以抑制存在内控缺陷公司的财务重述、违规违法和盈余管理，最终实现其审计监督功能的发挥并做出有效判断，也是本书关注的。

内部控制审计作为一种源于委托代理理论的外部治理机制，其设计的初衷就是保障公司内部控制系统的有效性。有效的内部控制系统可以预防公司发生会计差错、管理层舞弊等机会主义行为。通过内部控制审计确定公司内部控制的有效性，确定审计风险和范围，最终可保证公司财务报告系统的可信度并提高会计信息质量。内部控制审计对公司内部控制缺陷鉴证和评价的过程，是对可能发生财务报表重大错报公司的内部控制环境进行检查和缺陷识别，即消除和排查公司内部控制存在舞弊和差错的或然性。随着内部控制系统的完善和财务信息质量的提高，与之相关的审计环境和审计程序得到了更好的保证，审计质量也得到了提高。通过内部控制审计可以减少公司发生会计差错和管理层违规违法行为，从而保证对管理层受托经济责任检验的真实可靠。从代理理论的视角，内部控制审计正是通过对公司内部控制的监督，来实现提高公司财务报告信息质量的基本目标，从而保障投资人、股东和债权人的利益。审计师通过对公司内部控制有效性的评价确定合理的审计范围，通过对公司内部控制缺陷的识别和修正来减少管理层利用公司内部控制缺陷而实施的机会主义行为。因此，内部控制审计的监督功能是通过对公司内部控制缺陷识别和公司内部控制有效性评价来实现其监督改善公司内部控制的目标。

2010年，五部委发布的三项与实施内控审计相关的规定明确了审计师需要对公司内部控制评价进行监督，进行内控审计识别并报告公司的内部控制缺陷。内部控制评价指引要求公司与审计师沟通评价公司披露的内控缺陷。内控审计报告要求审计师披露公司的内部控制重大缺陷，而一般缺陷或重要缺陷仅要求审计师与公司管理层沟通，提醒企业进行改进，通过对公司内部控制有效性的评价出具合理保证的内控审计意见。内控审计[①]对公司财务报告系统有效监督减少了会计差错和管理层舞弊行为的发生，最终实现对公司财务报告系统的可靠保障。

第二，基于审计需求的信息理论，研究内部控制审计是否有效发挥信息功能。在行政监管和融资需求双重压力下，内控审计如何向市场传递公司内部控制状况以缓解信息不对称呢？其具体表现为，非标内部控制审计意见的市场反应，与非标内控审计意见和非标财务报告审计意见形成的三类审计意见组合的市场反应差异，揭示内控审计意见对投资者的信息价值和决策价值，以及如何强化财务报告审计意见并发挥独立的信号作用，探究内控审计信息功能对优化经济资源配置的作用，研究非标内控审计意见对公司舞弊行为的信号作用。

审计需求的信息理论认为，审计具有通过信号传递功能配置资源、提高市场效率的作用。我们认为内控审计的需求方为市场中各利益相关者。利益相关者把公司内部控制状况作为进行各类决策的依据，同时增强对公司披露信息真实可靠的信心。内控审计信息功能的发挥可以促进投资者对公司内部控制及经营管理的了解，在为公司披露信息的真实可靠提供保障的同时也增强投资者进行投资决策的信心。通过内部控制审计，投资者可以正确评价公司价值并进行客观的投资决策，监管层通过对公司内部控制的了解可以合理分配监管资源、调整监管政策。

内部控制审计通过向市场反馈公司内部控制缺陷鉴证和内部控制有效性评价信息来实现其信息功能。在公司收到非标内控审计意见后，投资者会做出怎样的反应？如果公司仅收到了非标内控审计意见，那么意味着审计师发现公司存在内控缺陷，但并不能确定公司存在舞弊现象或财务报告质量不可靠。若投资者认为非标内控审计意见意味着内部控制会得到改进，以及较高的审计独立性，那么投资者就不会出现负面的反应。Skaife等（2009）发现非标内控审计意见常伴随着显著的负面市场反应。也有研究认为，公司被出具

---

① 本书不严格区分"内部控制审计"和"内控审计""财务报告审计"和"财报审计""内部控制缺陷"和"内控缺陷"。下同。

非标内控审计意见的原因是内控审计师具有较强的独立性。此时非标内控审计意见向市场传递的是公司内部控制缺陷得到修复和高独立性内部控制审计的积极信号，因此出现非标内控审计意见时并不是负向的市场反应（DeFond and Zhang，2014）。Beneish 等（2008）发现股票价格与内部控制重大缺陷披露之间并无显著相关关系。张继勋等（2011）通过实证研究发现，投资者财务报表重大错报风险感知及投资的可能性均会受到不同类型内部控制审计意见的影响。张继勋（2013）的实证研究表明，如果公司内控审计收到了否定意见，则会降低个体投资者对公司标准财务报告审计意见的信心。吴溪等（2016）采用2011—2013年的数据研究发现，在审计公告日附近，内控审计意见并没有与财报审计意见相同的负向市场反应。因此，现有文献中关于投资者对非标内控审计意见市场反应的研究缺乏一致的结论，内控审计的信息功能并没有被充分研究和揭示。

第三，基于审计需求的保险理论，从内控审计、法律风险和审计费用的关系出发，研究内部控制审计保险功能的发挥，以及内控审计作为一种外部审计治理机制是否具有风险转移功能，内控审计中审计成本以及审计保险价值的增加是否会显著提高审计费用；依据"深口袋理论"，实施内控审计后是否会加剧审计师声誉机制在审计费用上的体现；实施内控审计后，公司内控缺陷带来的法律风险转移是否会增加审计的保险价值；不同的法律环境下，公司的内控缺陷对审计保险价值的影响是否存在差异，以及非标内控审计意见是否可以起到降低法律风险的作用。

审计需求的保险理论认为，审计具有鉴证功能和风险转移功能、拥有信息价值和保险价值。内部控制审计作为独立的第三方审计，具有外部审计鉴证职能，同时也承担了相应的信息风险。内控审计的实施增加了公司和审计师面临的法律风险，内控审计中审计师成为信息风险的共同承担者，那么这种风险溢价是否会在审计费用的增长中体现出来呢？一方面，随着监管压力的增大，内控审计是否可以为自身存在内控缺陷的公司可能导致的赔付风险、经营风险和违规处罚风险等承担责任呢？股东和广大投资者急需内控审计这样一种外部治理机制提供鉴证，同时公司管理层是否可以通过内控审计的保险功能发挥作用来减轻公司的法律责任。另一方面，经过内控审计后，公司被出具的非标内控审计意见是否可以为公司释放信息风险，规避相应的法律责任，特别是在对财务报告出具了无保留意见的情况下。内控审计的保险功能是否可以通过预警的方式减轻公司及审计师的责任。

当前我们对内部控制审计保险价值的检验具有强烈的现实需求。近年来，公司舞弊造假事件层出不穷。与之前不同，近期已经出现了多起普通投资者提起的民事诉讼，并且各级法院的判例显示支持会计师事务所审计师对投资者的损失承担连带责任；而且在判例中的法律依据就包含了监管层对公司因内部控制缺陷造成违规违法行为的行政处罚决定。在这种背景下，我们亟须检验内部控制审计的保险价值是否可以体现，这种风险溢价是否包含在审计费用中。因此，本部分内容以检验内控审计的保险功能为目的，以内部控制审计是否存在保险价值为验证目标。

第四，从审计供给的视角出发，检验内控审计质量与审计功能发挥的关系。内控审计监督、信息和保险功能的发挥必须以可靠的内控审计质量为保障。明确如何对当前市场中的内控审计质量进行评价计量，高质量的内控审计如何保障内控审计有效发挥其各项功能。

内控审计质量是实现内控审计目标的关键因素，高质量的内控审计才能保证会计信息质量并促进财报审计质量的提升。当前市场中内控审计质量的差异是否会对财报审计质量产生影响？基于委托代理理论的视角，当审计市场竞争、公司治理结构及委托方和受托方地位不平等时，委托代理关系是否发生变化？特别是内控审计属于行为过程审计，委托人也无法通过季报年报等形式了解内部控制审计的过程，代理人极易出于成本收益的考虑而忽视对内部控制缺陷鉴证的工作，那么当前的内部控制审计工作中是否存在内部控制审计意见购买行为？此外，从内部控制审计需求方来考虑，不同产权性质、公司治理结构和外部监管条件下的审计意见购买行为是否存在差异？从内部控制审计供给方来考虑审计师行业专长，审计师声誉机制是否会对内部控制审计意见购买行为产生影响，以及内部控制审计意见购买行为通过何种路径实现？若当前市场中存在内控审计意见购买行为影响了内控审计质量，那么应结合前几个问题的结论来分析内控审计功能发挥受限的原因。

接下来，我们将重点围绕以上问题通过实证方法来检验内部控制审计实施后是否能够有效发挥其应有的功能，是否达成了制度设计的目标。从审计需求方视角去检验内控审计的监督功能、信息功能和保险功能，以及当前中国内部控制审计的目标是否达成。从审计供给方视角去检验内控审计质量差异对财务报告审计质量的影响，以及市场中是否存在影响内控审计功能的审计意见购买活动。从审计功能和质量的角度探寻内控审计实施后对中国资本市场的作用以及今后相应的制度发展策略。

1.2 核心概念的界定与分析

1.2.1 内部控制

内部控制的最初形式是内部牵制系统。1912年，R. H. 蒙哥马利就在《审计理论与实践》中提出如果公司存在良好的内部牵制系统，审计人员就没有必要进行详细复杂的审计程序，应根据内控评价的结果来选择审计测试的方式。1939年，美国会计师协会（AIA）在《审计程序的扩展》中第一次提出了"内部控制"的概念，指出应依据独立审计人员对内部控制有效性的判断确定审计抽样和测试的范围；同年，AIA又出版了《内部控制、组织要素和会计师独立性》的专项说明，这是民间审计组织第一次定义内部控制的概念。1958年，《第29号审计程序公告》是美国注册会计师协会（AICPA）发布的将审计人员的评价公司内部控制责任范围限定在会计控制上的具体审计制度。

1988年4月，美国注册会计师协会颁布的《审计准则公告第55号》将会计控制与管理控制合为一体，同时将企业的内部控制环境也视为内部控制组成中重要的部分。1992年，全美反舞弊性财务报告委员会（简称COSO委员会）颁布《内部控制整体框架》，并在其中赋予内部控制较为规范性的含义，即"内部控制是由企业董事会、管理层及其他人员制定的为合理保证实现企业经营活动效率与效果、财务报告可靠性及遵守法律法规等目标的控制过程"；并提出了内部控制五要素,即内部环境、风险评估、控制活动、信息与沟通、内部监督。2003年颁布的《内部控制——企业风险框架》在原有的内部控制五要素基础上增加了三项内部控制要素,即事项识别、目标制定与风险分析,至此构成了较为完整的包含八大要素的内部控制框架。

2008年,我国财政部等五部委发布的《企业内部控制基本规范》赋予内部控制如下含义:内部控制是由企业董事会、监事会、经理层和全体员工实施的旨在实现控制目标的过程。该规范所提出的内部控制目标是经营合法合规目标、资产安全目标、财务报告目标、经营效率与效果目标以及战略发展目标。

1.2.2　内部控制审计

SOX法案的第302条款与第404条款中明令要求上市公司的管理层需要对内部控制的有效性负责,并在对外公开披露财务报告的同时披露经外部独立审计师审计的内部控制自我评价报告。SOX法案的实施是内部控制审计至关重要的转折点,标志着美国企业的内部控制评价报告由自愿性披露阶段正式进入强制性披露阶段。SOX法案的第404条款中首次提到内部控制审计相关含义:会计师事务所对上市公司的管理层设计及执行的内部控制进行外部独立评价并出具评价报告。随后,美国上市公司会计监督委员会(PCAOB)颁布的审计2号准则(以下简称AS2)明确指出,内部控制审计的目标是外部审计师对上市公司的财务报告内部控制有效性发表审计意见。2002年3月,中国注册会计师协会(简称中注协)颁布《内部控制审核指导意见》,明令规定上市公司应聘请外部独立审计师对公司财务报告的内部控制进行审核,并就其有效性发表审核意见。在此阶段,内部控制鉴证业务仅是提供有限保证的审核业务。直至2006年颁布《上市公司内部控制指引》,明令要求上市公司不仅要披露经审计的财务报告,也要披露管理层的内部控制自我评价报告,还需聘任外部独立审计师对内部控制评价报告出具核实意见。2010年,财政部等五部委联合发布《企业内部控制审计指引》,首次以书面形式规范定义内部控制审计:内部控制审计是指会计师事务所接受委托,对特定基准日内部控制设计与运行的有效性进行审计。

在内控审计指引中明确内控审计师需要对公司内控缺陷进行识别和评价，将内控缺陷分为一般缺陷、重要缺陷和重大缺陷，并增加了非财务报告重大缺陷的说明。当审计师发现公司存在内部控制重大缺陷或多个重要缺陷时需要出具非标准内控审计意见。一般缺陷和重要缺陷需要审计师对公司董事会进行说明。公司的内部控制评价报告也需要向外部审计师提交。

1.2.3 审计监督、信息与保险功能

（1）审计监督功能

审计监督功能是基于审计需求的代理理论产生的。代理理论认为无论是在自由市场环境下公司自愿接受审计，还是在强制市场环境下公司进行审计以及选择高质量审计师进行审计，其动机都在于，缓解委托人和受托人的代理冲突，降低委托代理关系中的代理成本。市场中委托人包含股东和债权人。在中国资本市场中的代理问题还包含大股东与小股东的代理问题以及政府与上市公司的代理问题。因此，审计的监督功能主要是确保委托人的利益不受侵害，保障股东、债权人和政府的利益。

内部控制审计的监督功能，主要是针对公司存在可能导致管理层机会主义行为的内部控制进行审计，甄别公司内部控制是否有效，是否存在可能导致重述、舞弊和造假行为发生的内部控制缺陷；监督公司披露真实的内部控制缺陷信息和内控评价报告，通过持续的内控审计，监督公司改进内部控制治理，通过内部控制审计意见来反映公司内部控制的有效性，并监督公司修正内部控制缺陷。此外，内部控制审计的监督功能也相对节约了政府的监管资源，提高了市场效率，维护了市场的公平与公正。

（2）审计信息功能

审计信息功能是基于审计需求的信息理论而产生的。信息理论认为审计具有改善海量财务信息和通过信号传递有效配置资源的作用。信息理论包含信号传递观和信息系统观。信号传递观认为审计可以向投资者传递可信的公司信息来缓解信息不对称的问题，同时传递公司管理层对未来现金流量的预

期。信息系统观认为审计可以增进财务信息的可信性和决策有用性，满足整个市场各方参与者的需求。

内部控制审计的信息功能，主要通过内部控制审计意见向市场各方传递公司内部控制有效性的信息；将内部控制审计过程中对公司内控缺陷识别并与公司管理层及董事会的沟通等信息反映在内部控制评价报告中并由公司披露相关信息；通过对内控审计意见信息和内控评价报告信息的披露来满足市场参与者的信息需求，促使市场参与者进行有效的投资决策。此时内控审计意见具有信息含量。

（3）审计保险功能

审计保险功能是基于审计需求的保险理论所产生的。保险理论认为审计是财务报表风险的一个转移机制，通过审计来降低信息使用者的信息风险，以便于公司契约的签订和履行。保险理论中信息风险的降低通过两种机制进行：其一是信息的鉴证机制降低公司、审计师和投资者的信息风险；其二是信息的保险机制将财务信息风险全部或部分转嫁给保险人，公司的财务错误和舞弊信息并不一定被消除，但同样能降低信息使用者的损失风险。保险机制的实现需要有效的法律制度安排。

内控审计的保险功能，主要通过审计师对公司实施内部控制审计和出具内控审计意见预警的方式来减轻公司和审计师的责任。一方面，对公司和审计师来说，公司存在各类与内控相关的风险，即可能的经营、处罚和违规都可能引起诉讼和赔付风险，因此公司股东愿意聘请内控审计师来对公司实施内部控制审计；审计师出具非标内控审计意见可以为公司释放可能的风险，避免公司被起诉。此时内控审计的保险功能通过预警的方式减轻了公司和审计师的责任。另一方面，对投资者而言，内控审计的保险功能实现源于审计师的民事赔偿责任制度。如果审计师对公司出具了内控有效的标准无保留意见，而投资者却因公司内部控制无效而产生的虚假陈述、财务造假和欺诈等行为遭受损失，投资者可以向审计师提起民事诉讼赔偿请求。此时内控审计的保险功能将通过诉讼的方式来实现。

1.2.4 内部控制审计质量

审计质量是审计师能够发现并报告财务报表中包含的重大错报或漏报的联合概率（DeAngelo，1981）。从审计需求端考虑，审计质量的驱动因素主要是公司治理下的监督需求、市场中介下的信息需求和高诉讼风险环境中的保险需求；而从审计供给方考虑，主要需关注审计风险管理及市场竞争策略对审计质量的影响（陈汉文，2012）。

因此，决定内部控制审计质量的关键属性是内部控制审计师的胜任能力和审计师独立性。具有高内控审计执业能力的审计师才更可能发现公司存在的内部控制缺陷，同时保持高独立性的内控审计师才可能充分报告并披露公司的内部控制缺陷，为信息使用者提供准确的内控审计意见。内控审计质量高，可以满足相关的审计需求，能够充分实现内控审计的监督功能、信息功能和保险功能；反之，内控审计质量低，内控审计的各项功能不能被充分实现，内控审计质量也会受到审计供给端市场竞争、审计风险等因素的影响。在市场竞争压力下，审计师也会基于风险和收益平衡的考虑而做出损害内控审计质量的行为，具体表现为内部控制审计意见购买，妨碍内控审计的各项功能正常发挥。

1.3 内容框架与研究思路

1.3.1 研究思路

本书基于内部控制审计的功能发挥来探究内部控制审计的实施效果，并结合内控审计质量与财务报告审计的关系去探究当前内控审计功能实际发挥效果的原因。首先从审计需求基本理论出发，基于代理理论、信息理论和保险理论的视角，对内部控制审计应有的各项功能进行分析，进而分析内控审计功能发挥效果及其在中国资本市场中的作用。在代理理论视角下，内控审计应该有效发挥监督功能，监督公司内部控制、管理层经营管理活动并遏制管理层的机会主义行为。在信息理论视角下，内控审计应该发挥其信息功能，降低公司利益相关者之间的信息不对称，向投资者和监管层传递相应的信息进行各类决策，提高经济效率。在保险理论视角下，内控审计应该发挥其保险功能，体现其保险价值，实现其风险转移功能。内控审计意见除了信息鉴证功能以外，还应该能够通过预警的方式减轻公司和审计师的法律责任。

内部控制审计制度设计的基本目的是结合信息理论和代理理论的核心观点，对内部控制审计提高财报审计质量这个基本目标的实现情况进行检验，进而分析实施内控审计在中国资本市场发挥的效能。在审计需求侧，在信息理论视角下，内控审计应该发挥鉴证公司内控缺陷信息的职能。在保险理论视角下，内部控制审计具有增强公司内部控制信息可靠性以减少舞弊和差错发生可能性的责任，并会引发一定的经济后果。在代理理论视角下，作为一种第三方审计形式，内部控制审计应该有效评价公司内部控制，并向委托人传递恰当的审计意见。基于这三种视角检验内部控制审计是否发挥了其应有的作用，其结果是对当前内部控制审计质量能否实现内控审计功能的解读。在审计供给侧，分析内控审计质量对审计功能实现的影响，分析当前市场中内控审计质量对财务报告审计质量的影响，以及背后的审计意见购买问题。

本书实证设计以理论分析为基础，进而保证实证结果的可靠性。在理论分析的基础上，主要从是否实施内控审计和内控审计意见两个层面来检验内控审计的监督和保险功能，从内控审计意见的市场反应来检验内控审计的信息功能。最后，评价分析当前的内控审计质量。主要包括四个部分的内容：一是依据审计需求代理理论检验内部控制审计监督功能和制度设计的目标，通过分析实施内控审计后行政处罚、财务重述和盈余管理的差异来研究内控审计监督功能的实现，从而检验内控审计的实施效果。通过内控审计意见与公司舞弊违规行为的关系来检验内控审计意见对公司内部控制的监督作用。二是依据审计需求信息理论实证检验内控审计信息功能。通过事件研究法来研究内控审计意见和财报审计意见两类意见组合的市场反应及异质性的信息含量，检验内控审计意见对财务报告审计意见的强化作用和其独立的信号作用。三是依据审计需求保险理论检验内控审计保险功能，内部控制审计是否存在应有的保险价值；检验法律风险在内控缺陷与审计费用关系中的作用，以及法律环境对其产生的影响；检验内控审计意见是否可以起到降低诉讼风险的作用。四是依据审计供给理论检验当前内控审计质量对审计功能实现的影响，以及当前内控审计中存在的审计意见购买问题。最后，综合理论分析和实证检验，提出相应的政策建议。本书研究思路与框架结构如图1-1所示。

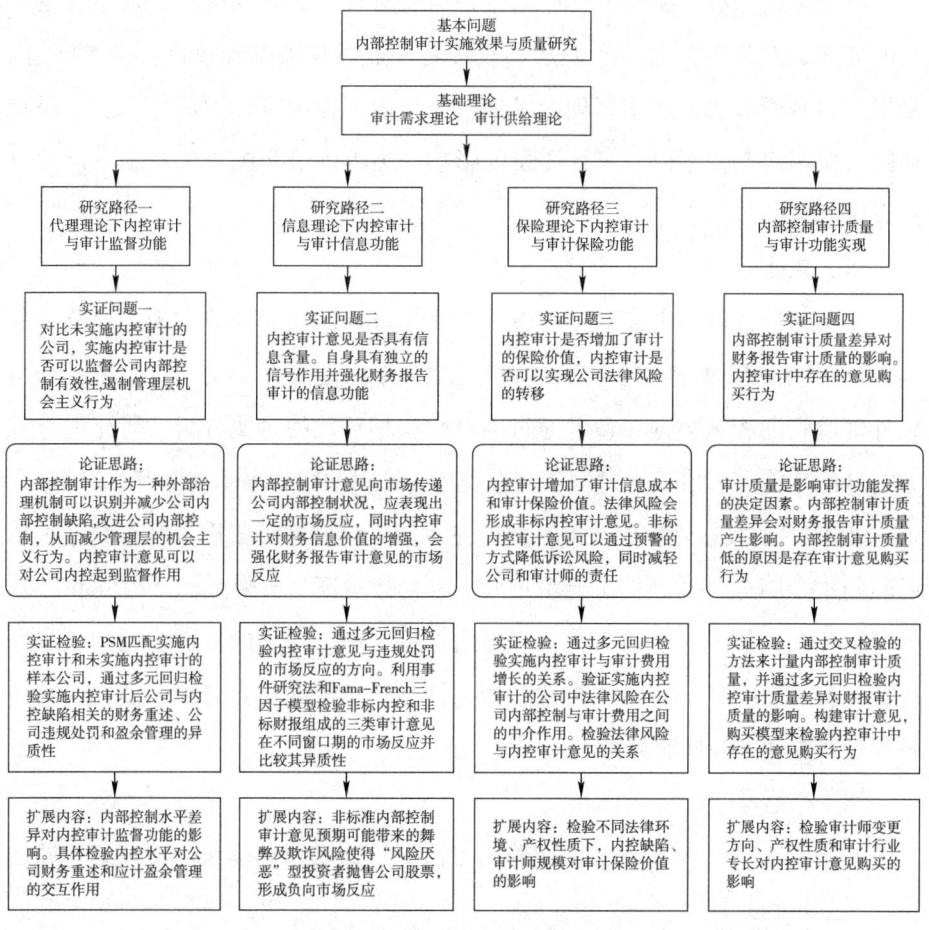

图1-1　本书研究思路和内容框架

1.3.2 研究方法

（1）归纳分析总结法

对内部控制审计的产生、发展以及现状进行归纳总结。根据相关文献归纳总结，梳理目前关于内部控制审计研究的相关经济后果和影响因素。从内部控制审计与审计质量基本关系出发，综合归纳分析现有的市场环境、公司特征以及公司内部治理因素对内部控制审计实施效果的影响。

（2）规范研究法

通过理论分析构建本书整体思路，通过对现有文献的整理，采用规范研究的方式，对审计监督、管理层、投资者和监管相关的理论进行分类汇总。采用逻辑分析方法构建本书理论机理，分析内部控制审计的信息功能、保险功能对公司内部控制以及审计质量的影响，力求评价实施内部控制审计的目标完成情况。

（3）统计分析法

本书统计分析了内控审计实施以来，2011—2018年A股主板上市公司总共8年的内控审计数据以及相关的财务数据、内部控制、审计投入、审计产出和外部监管的相关数据，包含通过绝对数和相对数的对比分析，研究内部控制审计的功能与质量。通过国泰安数据库（CSMAR）、迪博数据库（DIB）和Wind数据库下载整理相关数据，并通过巨潮资讯网站手工搜集补充数据，然后利用SAS9.4软件对数据进行整理分析，构建实证分析模型，运用Stata15软件分析相关的假设是否成立，实现对内部控制审计功能的分析。运用描述性统计分析和PSM倾向得分匹配法、相关性分析、组间差异分析、多元回归分析等分析方法，验证研究假设。

（4）机器学习分析法

利用STATA中K-fold交叉检验的方法对数据划分训练集与测试集，并进行对比分析判断。

1.3.3 章节安排

本书可分为以下四个部分。

第一部分包括第1章，属全书铺垫和对研究内容的整体介绍。主要从研究背景与研究问题、核心概念的界定与分析、内容框架与研究思路、研究创新与研究意义等基本情况进行阐述，对整体架构和研究思路进行综合的说明和概括。

第二部分包括第2章和第3章，为全书的文献综述、制度背景和理论研究部分。第2章是从审计需求的代理理论、信息理论和保险理论出发，对与内部控制审计实施目标和审计功能相关的内容进行文献回顾。第3章是对制度背景与理论基础进行介绍，主要介绍国内外内部控制审计的发展历程和历史沿革，包括我国的金融监管发展与需求和法律环境建设。第3章还介绍了审计需求和审计供给的基本理论。依托财务报告审计的研究经验，分析了内部控制审计功能及其作用路径，搭建内部控制审计功能与实现的关系框架，并对本书的预期研究贡献进行了说明。

第三部分包括第4章至第7章，是全书的实证研究部分。第4章基于审计代理理论，通过PSM配对后样本来检验内控审计监督功能的发挥，并结合公司特征、内部治理和外部市场环境的因素，研究内部控制审计监督功能发挥的有效性。第5章是基于审计信息理论，通过事件研究法，研究非标内控审计意见的信息含量，并结合非标财报审计探讨三类意见组合的异质性；结合公司融资需求，研究内控审计意见对融资约束的信号作用。第6章基于审计保险理论，检验内部控制审计的保险价值，内部控制审计对审计师规模与审计费用关系的影响；不同法律环境和产权背景下，内控审计保险价值的差异；最后，检验非标内控审计意见的风险转移功能。第7章分析了内控审计质量对审计功能实现的作用，检验了内控审计质量差异对财报审计质量的影响，以及当前市场中存在的内控审计意见购买行为。

第四部分包括第8章，是对全书研究的总结，整体概况了本书的研究结论，并据此提出相应的政策建议，同时指出本书的研究不足和对未来研究及政策发展的展望。

本书结构安排如图1-2所示。

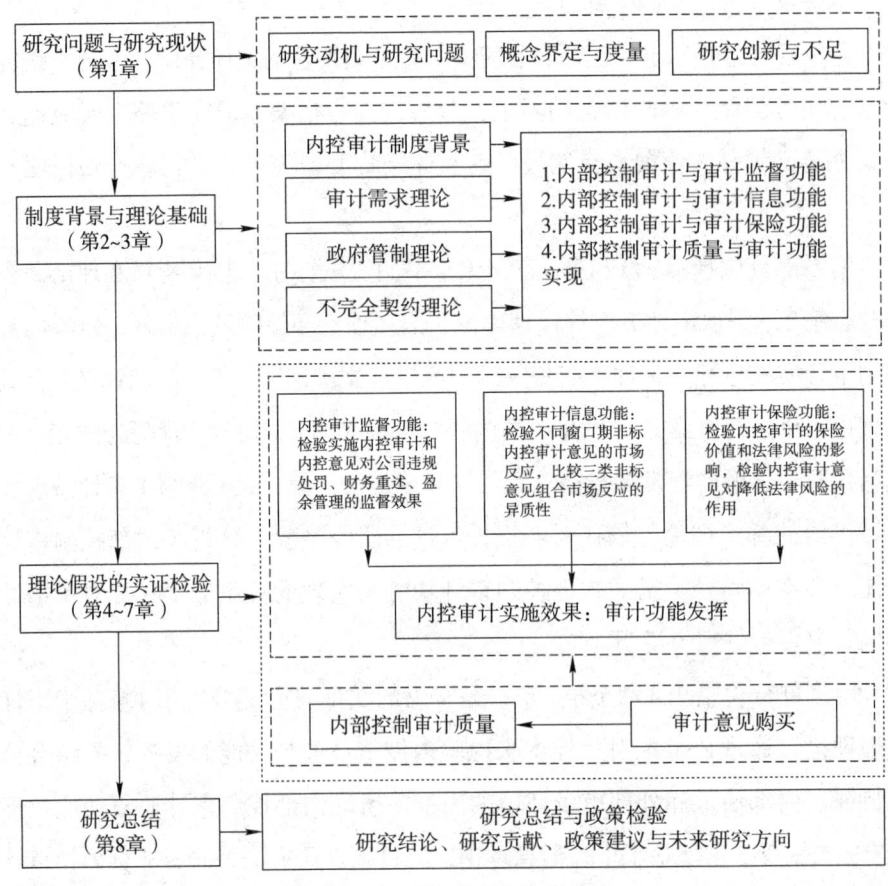

图1-2 本书结构安排

1.4 研究创新与研究意义

1.4.1 研究创新

随着中国资本市场中内部控制审计这项外部治理机制的实施效果和功能发挥越来越受到监管层的关注，近年来关于研究内部控制审计特征、市场反应和经济后果的文献陆续出现，但都并未系统地从基本审计理论的视角来探讨内部控制审计的功能发挥与实施质量及其背后的原因机理。本书基于当前中国资本市场的制度背景，从审计基本理论出发，以 A 股主板上市公司作为研究对象，系统地检验了实施内部控制审计的目标完成情况和政策实施效果。本书的创新主要体现在以下几个方面：

第一，将内部控制审计作为一项独立的第三方审计进行研究，通过对内部控制审计监督功能、信息功能和保险功能的检验，揭示投资者、监管层和其他利益相关者共同关注的内控审计治理功能和实施效果的问题。鉴于现有研究主要集中在内控审计的市场反应、与财务报告的协同效应以及相关经济后果，缺乏系统的视角，特别是以基础审计理论的视角来对内部控制审计治理作用和功能发挥进行评价和研究，本书系统性地围绕内部控制审计的三种审计功能，对内部控制审计的实施效果与预期目标进行了检验，依据相应的审计理论对检验结果背后的原因机理进行了分析。

第二，不同于以往对非标意见市场反应的研究。在现行审计制度环境下，将非标内控审计意见和非标财报审计意见划分为三类非标意见，分别检验了公司可能得到的这三类非标意见的市场反应。检验了当前市场投资者对内控审计意见的认知和反应，以及内控审计信息功能的表现。检验结果让市场投资者和监管者对非标内控审计意见的信息含量有了更加深入的认识。非标财报审计意见并不完全代表公司管理层的舞弊及机会主义行为，但非标内控审计意见则意味着公司预期发生舞弊和欺诈的可能性。

第三，在考虑了市场环境、公司治理特征和产权性质等因素后检验分析了内控审计质量对财务报告审计质量的影响，从制度设计最终目标上探究了当前市场中内控审计治理的效果。通过检验进一步发现存在审计意见购买行为，基于此，分析了影响内部控制审计质量及审计功能发挥的原因，尝试打开由于内控审计的不可预测性导致的执业"黑箱"。系统性地评价了内控审计对财报审计质量的影响，从而对实施内部控制审计的目标完成情况进行了全面的分析。

第四，采用了学术界和实务界认可的多类变量作为衡量内控审计监督功能、信息功能及质量的替代变量，避免了单一变量检验结果不稳定的情形，保证了结论的稳健性。选择了监管层关注的公司违规处罚、与会计差错相关的财务重述和与管理层机会主义相关的盈余管理作为衡量内控审计监督功能的替代变量。采用FAMA-FRENCH三因子模型计算不同窗口期的AR和CAR值来检验内控审计意见的信息含量。最后依据第4章的结果使用财务重述和应计盈余作为财报审计质量的替代变量，旨在实现最终结论的稳健性。

第五，依据历史文献和现有内控审计制度，Willie H.和Sybil C.（1976）认为内部控制是利润动机的产物。内部控制审计的边界不局限于财务和会计活动，且公司内部控制的发展也必然领先于审计和会计职业及其理论发展。因此，必须采用新的评价方法来对内部控制审计质量进行评价。本书尝试突破现有衡量财报审计质量的局限性，采用了机器学习中交叉检验的方法来对内控审计质量进行衡量。而现有文献对内控审计质量的研究多延续了研究财务审计质量的方法，采用审计师规模、财务报告质量作为其替代变量。公司内部控制管理制度和技术的发展日新月异，因此如果社会需要内控审计提供有效的服务，就必须拓展审计职业服务的界限。中国的内控审计也不能仅是SOX法案的翻版，学术界必须从理论上定义并规范内部控制审计边界和内部控制审计质量的概念，并以此指导当前中国的内部控制审计实践及各项制度的变革。

1.4.2 研究意义

（1）理论意义

第一，有助于拓展和丰富审计需求理论在外部审计治理上的应用，从理论上验证内部控制审计功能的发挥。国内关于内部控制审计的研究更多的是关注其局部的经济后果和市场反应，鲜有系统地从基础审计理论的视角对内控审计功能进行验证和分析的。因此，本书对于审计代理理论、信息理论和保险理论在内控审计中的应用具有一定指导意义，对投资者保护理论、信息披露理论也具有一定的实践意义。

第二，有助于拓展内控审计监督功能、信息功能和保险功能的进一步研究。内控审计作为一种新兴的外部审计治理机制正受到监管层和广大投资者的持续关注。内控审计有效的监督功能可以检验受托经济责任的有效履行并节约监管资源,信息功能的发挥可以为监管层和投资者进行各类决策提供依据,保险功能可以进一步提升审计保险价值,在监管和市场压力下实现法律风险转移功能,缓解公司和审计师的责任。因此,本书肯定了内控审计功能发挥是实现内控审计治理机制有效性的必要条件,为未来进一步研究内控审计功能的实现机制提供了方向。

第三,内控审计作为一种保障公司内部控制行为过程有效性的治理机制,其审计过程和内容拓展了审计和会计的边界。本书结合当前监管层支持审计师第三方责任索赔的法律环境,从内控审计风险溢价的角度检验内部控制审计的保险价值,从公司和审计师的视角验证了内部控制审计意见的风险转移功能,证实了审计保险理论在中国内控审计中的应用,对进一步发展和探索审计保险制度具有一定的理论意义。

第四,本书验证了内控审计质量驱动因素,即需求和供给对审计质量的双维影响。由于内部控制审计意见的形成具有不可观测性,公司与审计师之间存在审计意见购买活动,导致内控审计监督功能发挥弱于信息和保险功能。为了保障高质量内控审计全面有效地实现审计功能,监管层必须制定有效的内控审计准则并从需求和供给方对现有的意见购买路径进行有效的监管,同时提高审计师行业专长作为有效保障。

(2)现实意义

本书对监管层、投资者、审计师和上市公司以及其他利益相关者的现实意义体现在以下几个方面:

第一,有助于监管层全面了解评价实施内部控制审计功能发挥的效果以及给中国资本市场带来的影响,同时了解目前中国实施内部控制审计的局限性。内控审计属于行为过程审计,对公司内部控制状况的审视区别于对公司财务状况的理解,具有不可观测性,让监管层难以了解这项制度实施的效果。本书揭示了内部控制审计功能及效果,以及当前通过内控审计提高审计质量的局限性;通过市场反应了解非标内控审计意见对非标财报审计意见的强化作用,内部控制审计的风险溢价在审计费用上的体现及其风险转移功能和当前市场中内部控制审计意见购买的现象。这些都对监管层政策制定具有重要的现实意义。

第二，为投资者了解内部控制审计的作用以及内控审计意见的信息含量提供了理论支持和实践启示。内部控制审计风险溢价在审计费用上的体现为投资者增强投资者保护意识带来重要启示。内控审计对内部控制缺陷的识别与修正是提高会计信息质量并应对公司舞弊行为的重要作用机制。公司的内控缺陷增强了内部控制审计的风险溢价，且目前财务报告内控缺陷和非财务报告内控缺陷引起的行政违规违法行为已经在实践中形成法律诉讼依据，因此投资者可以据此增强投资者保护意识从而有效维护自身合法权益。

第三，对于审计师和上市公司来说，充分了解公司内部控制的边界和提高审计师职业能力是制订审计计划和进行有效控制测试的基础。特别是在当前企业规模扩大、经济业务复杂和公司内部控制管理飞速发展的环境下，对公司采用新技术测试公司内部控制、识别内控缺陷具有一定的启发。有效评价公司内部控制，才能保证排除舞弊和差错的或然性，进而提高财务信息质量，保证高质量审计以确保审计治理功能的实现。在内控审计的风险转移方面，公司和审计师也可以根据内控审计意见的风险转移功能来缓解自身的法律责任。

第四，为监管部门了解政策实施情况和完善监管策略提供了参考和启示。研究内容有助于监管部门有效发挥监管职能，为进一步优化资本市场资源配置效率进而保证市场的公平公正提供参考。特别是如何从需求和供给两个层面上保障内控审计功能的有效发挥，制定具有针对性的监管政策从特定路径上抑制审计意见购买活动的发生，保障内控审计质量和充分发挥内控审计功能。对实务界和学术界加强审计理论的学习，积极拓展内部控制审计学科和审计技术的边界具有重要意义。中国内部控制审计制度是一项长效机制，未来必将对中国资本市场的发展和各项改革措施起到积极的作用。本书的研究也为未来监管和制度设计指明了方向。

2
文献回顾

公司有效的内部控制可以保障会计信息系统运行，遏制管理层机会主义行为。如果审计师能够证实会计记录工作是按照有效内部控制系统进行的，那么他就可以将系统执行的结果视为正确（Brown，1962）。虽然早有相关审计理论的动员，但遗憾的是在实务中审计师虽然不断地改善抽样技术，但始终未能有效地将它与内部控制评价联系起来（文硕，2018）。

21世纪初的美国安然财务造假事件促使SOX法案诞生，并采用对上市公司实施内部控制审计的方式来保证公司内部控制以及财务报告系统的有效性，并应对舞弊行为的发生。2010年，中国五部委发布了三项指引，规定上市公司应聘请会计师事务所对公司内部控制的有效性进行评价并出具审计意见。至此，在中国上市公司中开始分批实施内部控制审计；同时，学术界也逐渐开始重视对内部控制审计的研究与探讨。其研究主要集中在内部控制审计与财务报表审计（财报审计）的关系、内控审计的影响因素和经济后果等几个方面。

2.1 内部控制审计与财务报表审计

内控审计和财报审计作为两种外部审计治理手段，其制度设计的目标是一致的，但在审计过程和审计内容上存在差异。

2.1.1 财务报表审计与内部控制审计的区别与联系

内部控制审计是对过程的鉴证，而会计报表审计是对结果的鉴证，因此内部控制审计必然会对会计报表审计产生影响（吴文军，2001）。内部控制评审有助于确定合理的审计程序，提高审计效率，确定审计程序实施程度，保证测试质量（肖强，2003）。财务报告内部控制评价与会计报表审计中的测试在理论范围、基本程序、使用方法上相同，而在审计实施目的、范围和准确程度上存在差异（袁文龙，2007）。内部控制审计根据审计范围、重点和方法可以作为独立的审计项目组织实施，也可以作为实施其他审计活动的程序和流程（孙银刚，2008）。

PCAOB发布的AS2审计准则中提出了整合审计模式，实现了财报审计与内控审计的结合（陈汉文、李荣，2007）。内部控制审计的实施对提高审计效率、发挥审计的协同效应以及提高财务信息质量起到了根本性的推动作用（谢晓燕、张龙平、陈作习，2009）。内部控制审计和财务报表审计两者的联系在于目标相同、程序关联；但审计内容和审计范围不同，对公司内部控制有效性评价的准确度要求不同，对审计师的执业能力要求不同（裘宗舜、周洁，2009）。PCAOB的审计标准可以实现审计师执行内部控制审计与财务报表审计的整合（Bahin，2005）。Layther（2004）支持审查审计人员的公正性，并对审计准则中要求审计人员发表两种意见提出质疑。

2015年，中国注册会计师协会印发的《企业内部控制审计问题解答》说明，内控审计与财报审计的最终目的都是提高财务报表信息质量，增强财务报表使用者的信心；均采用风险导向审计方法，评估识别重大错报风险，并设计实施恰当的应对措施。内控审计中识别内控重大缺陷，以在所有重大方面保持有效内部控制获取合理保证。首先，财报审计重在审计结果，而内部控制审计是对保证财务报表质量的内部控制的有效性进行审计，重在审计过程。发表审计意见的对象不同，使得两种审计对内部控制进行测试的目的存在区别。其次，财报审计中审计师采用实质性方案时可以不测试内部控制运行的有效性（综合性方案需要测试），但仅实施实质性程序不能够提供充分适当的审计证据。而在内控审计中，审计师应针对所有重要账户和认定获取控制、设计和运行有效性的证据。再次，对内控测试的期间要求不同。财报审计师需要公司内部控制在设定的信赖期间运行有效的证据，而内控审计师仅需要获取内部控制在基准日前运行有效的证据。最后，两者对控制缺陷的评价和沟通要求不同。内控审计中需要审计师与管理层沟通在内控审计过程中发现的所有财务和非财务内控缺陷;内控审计意见中不包含保留意见类型。

2.1.2 整合审计的研究综述

(1)产生与发展

PCAOB发布的AS2审计准则中明确提出审计师可将财报审计与内控审计统一安排实施。但研究发现,AS2实施的第一年会引起审计费用的显著增加(Raghunandan and Rama,2006;Hogan and Wilkins,2008)。于是PCAOB于2007年5月发布AS5来取代执行成本过高的AS2,而AS5不要求审计师对公司的内控评价报告进行审计,并提出了整合审计模式。AS5提出将有限的审计资源投入到高风险领域,减少非必要的审计程序来降低审计成本,让会计师事务所建立了现代风险导向审计的理念。Akresh(2010)构建审计风险模型,研究发现财报审计和内控审计均依托风险导向审计模型,因此两类审计在审计流程、审计计划和审计程序及方法上可以互相佐证,提高审计效率与效果的同时降低了审计成本。

审计准则AS2与审计准则AS5的执行成本与执行效果研究得到了学者们的关注。Doogar(2010)研究发现,基于风险导向审计理论,会计师事务所的审计收费与审计风险正相关。AS5实施后审计费用呈下降趋势,其中下降比例最多的是修正了内控缺陷的公司(Krishnan et al.,2011)。2009年,美国审计质量中心指出整合审计可以在降低审计成本的同时提升审计效率。内控审计和财报审计需要分别单独签发审计意见,因此不会产生审计报告责任的影响。

近年来,国内对整合审计的研究逐步兴起,借鉴了国外关于内控审计的研究成果。通过对财务报表审计与内部控制审计之间关系的研究发现,两类审计在审计评价内容和实施范围、审计意见的种类和形式,以及对审计师执业能力的要求及其责任等四个方面存在差异,两者的联系则在于审计的最终目标、实施程序和手段(谢晓燕、张龙平,2009)。对内部控制进行了解和评价是年报审计中风险评估的内容,执行内控审计可以提高审计师风险评估的可靠性，可以降低审计风险；在年报审计中也有助于内控审计目标的实现。因此，审计师应当综合将这两类业务加以考虑（李明辉，2010）。以2007—2009年沪深两市主板上市公司为样本研究发现，不同年度中内控与财报审计产生的协同效应对财务报表质量的影响存在差异（王杏芬，2011）。整合审计的审计质量显著优于非整合审计，但是整合审计并未显著降低审计费用（倪小雅、张龙平，2015）。

方红星、陈娇娇（2016）研究发现，两种审计收费之间存在显著双向正相关，知识溢出效应起到了主导作用。杨清香等（2017）发现随着客户规模的扩大，整合审计的规模协同效应逐渐增强，但审计师行业专长受限导致对超大型客户的整合审计能力不足。此外，没有发现不同审计模式下审计质量存在显著差异的证据。陈娇娇、方红星（2019）研究发现，执行整合审计有助于审计师识别公司管理层的盈余管理行为。

（2）整合审计收费

国外早期关于审计服务收费与非审计服务收费的相互关系的研究发现，公司的财务风险、审计师规模与声誉、提供非审计服务等与审计收费显著相关（Simunic，1980）。当审计服务与非审计服务由一家会计师事务所实施时，公司会支付较高的审计费用，显示出知识溢出效应（Palmrose，1980）。Simunic（1984）研究发现，知识溢出效应会导致审计成本降低，降低的审计成本是针对特定客户的准租。然而，Whisenant（2003）采用联立方程模型对两者进行实证研究，发现两者之间是负相关关系，并不存在知识溢出效应。Krishnan（2011）采用平衡与非平衡面板数据进行研究，进一步得出了审计服务与非审计服务之间是负相关关系的结论。

张宜霞（2011）实证考察我国在美国的上市公司，发现公司规模、外部审计师声誉以及非常规业务流程的内部控制设计的复杂性与内部控制审计费用显著正相关。黄秋菊（2012）研究发现，公司的行业特征、资产规模以及风险影响内部控制审计费用。方红星、陈娇娇（2016）研究发现，公司规模、业务复杂程度、国有产权性质、审计师声誉、内部控制服务保证程度与内部控制审计费用呈显著正相关关系；而公司自身的内部控制质量、审计师提供连续内部控制审计服务年限及整合审计与内部控制审计费用显著负相关。陈娇娇（2016）基于管理者背景特征的研究发现，管理者背景特征显著影响内部控制审计费用。

2.2 内部控制审计的影响因素和经济后果

2.2.1 内部控制审计的影响因素

国内早期侧重于对自愿性内控审计的研究。信号传递动机是自愿性内控审计的主要影响因素。方红星和戴捷敏（2012）实证考察了内部控制鉴证报告这一特定的自愿信息披露行为的决定因素。他们认为传递信号和降低代理成本不仅是上市公司自愿披露内部控制鉴证报告的关键目的，也是提高鉴证信息披露质量的主要动机。SOX法案强制要求上市公司实施内部控制审计，内部控制存在重大缺陷甚至无效的公司也必须披露其审计报告。韩彬和陈丽蓉（2015）以竞争战略这一新视角为切入点探索内部控制审计的自发性需求，发现成本领先战略与自愿性内控审计之间存在显著的正相关关系；认为内部控制审计所发挥的"补充"控制作用可以使实施成本领先战略的企业发现内部控制的漏洞，修正内控缺陷可以为成功实施战略提供保障。陈丽蓉（2015）的实证研究表明，公司是否承担社会责任也会影响内控审计报告的出具和披露意愿。

美国SOX法案第404（b）条款设立之初就引发实务界和学术界对其实施收益与成本的广泛争论，争论的焦点在于强制要求上市公司实施内部控制审计是否会影响企业的可持续发展，进而影响资本市场乃至整个宏观经济的发展。一部分学者认为，强制性内部控制审计提振了投资者信心（Alexander et al., 2013），降低了融资成本（Kim et al., 2011），提升了盈余质量（Skaife et al., 2008）；而另一部分学者则认为，强制性内部控制审计对企业来说是一种繁重的负担，较高的实施成本与较低的实施收益使得企业实施代价过大（Kinney and Shepardson, 2011），导致企业在美上市门槛抬高，甚至出现小企业退市现象（Piotroski and Srinivasan，2008）。最初内控审计成本的提升和高内控审计溢价对公司内部控制的改善作用日趋下降，其成本效益的体现并不显著（McCallen et al.，2020）。

2.2.2 内部控制审计的经济后果

（1）内部控制审计与盈余质量

Skaife 等（2008）研究发现公司内部控制质量与盈余质量正相关，公司修正内控缺陷后的盈余质量得到提高，内控审计意见得到改善。Chan（2008）认为SOX法案第404条款可以帮助公司识别内控缺陷以及实现内部控制有效性的治理。Bedard（2011）研究发现，审计师会平衡内控审计的成本与收益，审计师能发现约3/4的公司未修正内部控制缺陷，详细的测试和对内控的改良可以提高财务报告质量。

关于内部控制报告信息特征的研究发现，控制缺陷通常与会计控制的不充分资源分配有关（McVay，2005）。披露重大漏洞的公司权益资本成本相对较高（Ogneva，2006）。资产规模小、成立时间短、业务复杂、成长速度快、财务状况差的公司存在缺陷的可能性更大（Bryan，2005；Doyle，2007）。企业的组织结构特征和报告期重要的组织变化会对内控缺陷披露产生影响（Leone，2007）。基于成本控制因素，AS5取消了"需要对管理层的内部控制评估意见进行审计"这一规定（Thomans et al.，2009），但近期的文献对此规定又有了不同的观点。Myllyki（2016）实证检验了财务报告内部控制重大缺陷对财务报告质量的预测能力，发现报告重大缺陷的上市公司在其报告期后两年内发生财务错报的概率较没有报告重大缺陷的上市公司显著提高，管理层倾向于进行真实盈余管理操纵利润。

针对SOX法案，我国学术界也认识到了内控信息披露与财务报告质量的关系。李明辉等（2003）认为审计师应加强对内控信息披露的审核来增进财务报告的可靠性。杨有红等（2008）认为审计师审核公司内控的责任主要在财务报告内部控制方面。张龙平（2010）在控制管理层信号传递动机后发现，内部控制审计可以提高会计盈余质量。方红星等（2011）研究发现，上市公司披露内部控制审计报告时存在自选择问题，披露内部控制审计报告会降低盈余管理的程度并提高盈余质量。雷英等（2013）发现，首次披露内部控制审计报告的上市公司盈余，其质量显著高于上一年度，即内部控制审计能够提高公司会计盈余质量。

张龙平（2010）研究发现，当内控鉴证与财报审计为同一审计师时，内控鉴证对审计师扩大内部控制测试范围具有积极的影响。陈丽蓉（2013）研究发现，独立董事比例、董事长总经理两职合一都会对内部控制审计产生影响，管理层享有的剩余控制权数量越多，内部控制审计质量和效果越差。左锐（2014）认为内控审计师与公司联系紧密会导致内控审计的独立性受到影响。卢晓宇（2014）认为，内控审计质量与审计师的独立性水平、声誉水平以及面临的内部控制缺陷风险呈负相关关系。吴勇等（2018）以实施内控审计公司为样本研究发现，公司内部控制缺陷与真实盈余管理显著正相关，内部控制存在缺陷的公司盈余管理程度更大，财务报告质量更差。

（2）内部控制审计与审计费用

国外对涉及SOX法案的审计收费主要集中在两个阶段。内控审计实施前的研究主要是公司内部控制评价和内控鉴证对审计费用的影响。内控审计实施后的研究集中在内控审计执行成本及内控审计报告的信息特征。研究发现，公司资产规模、资本增速、公司内部控制的有效性以及上一年度的审计收费与内控审计施行后的审计费用显著正相关（Eldridge and Kealey，2005；Rama et al.，2008）。内部控制审计执行初期，审计费用显著增加的公司为降低高额的审计成本而选择变更审计师（Ettredge et al.，2007）。研究发现，内控审计实施后的审计费用平均增长率在50%以上，其中"四大"会计师事务所审计收费上涨幅度更高（Ghosh and Pawlewicz，2009；Kinney and Shepardson，2011）。

中国内部控制和内控审计的各项制度和监管举措实施相对较晚，有关内部控制审计收费的研究还处于发展阶段。张宜霞（2011）以中国大陆在美国上市的公司为蓝本，研究发现公司规模、审计师声誉和公司内部控制的复杂性与审计收费显著正相关；且在SOX法案特定的制度安排下，公司内控失效风险与审计收费显著负相关,上一年度披露重大缺陷的公司审计费用反而更低。汤晓建、张俊生(2017)研究发现,内部控制审计费用自愿披露显著提高了内部控制审计的独立性,并且这种影响在非国际"四大"会计师事务所提供内部控制审计的公司中更显著。内部控制审计费用自愿披露显著提高了内部控制质量。

2.2.3 内部控制审计的市场反应

在法律环境健全和投资者保护制度完善的资本市场中,公司内部控制缺陷和有效性可以被投资者通过信息披露制度识别,并在市场价格中得到体现。Ogneva等(2007)研究发现公司披露的内控缺陷与资本成本之间存在正相关关系。然而,Messod(2008)的研究结果显示,在SOX法案第302条款下内部控制缺陷披露与资本成本存在显著正相关关系,而在第404条款下内部控制缺陷披露与资本成本并没有显著相关关系。

中国资本市场中涉及投资者保护和信息披露的法律环境相对薄弱,需要从制度上对公司内部控制信息披露进行完善来确保内部控制信息质量。吴益兵(2009)研究发现,在没有外部审计的情况下,公司内部控制信息披露并不能提高其会计信息的价值相关性,资本成本不会因为实施了自愿性内部控制信息披露而得到降低;而经过外部审计后,内部控制信息披露能够提高公司会计信息的价值相关性,并降低公司的资本成本。方红星等(2011)实证研究发现,上市公司自愿披露内部控制审计信息对降低公司的权益资本成本具有显著作用。张然等(2012)的研究结果表明,披露了内控自我评价报告的公司具有较低的资本成本,而披露了内控鉴证报告的公司具有更低的资本成本。

许骞等(2014)认为,强制内部控制审计有效减少了应计盈余管理和真实活动盈余管理,国有企业更明显地减少了应计盈余管理,而真实活动盈余管理降低的幅度较小。袁蓉丽等(2015)的研究也表明,强制内部控制审计能够提升国有企业的投资效率,自愿披露内部控制审计报告的公司拥有更低的权益资本成本和更高的会计盈余质量。吴溪等(2016)通过对2011—2013

年的数据研究发现，在审计公告日附近，非标内控审计意见并不具有与非标财报审计意见相同的负向市场反应，审计师在出具两类审计意见时存在选择性。张俊民（2018）则认为单独审计提高了资本市场的融资效率。

2.3 内部控制的审计质量

2.3.1 内部控制的审计质量与行业监管

（1）审计质量

学术界认为审计质量是审计师发现并报告重大错报的联合概率，认为审计质量取决于审计师的专业胜任能力和独立性（Deangelo，1981）。Defond 和 Zhang（2014）认为，审计质量是由财务报告系统和公司内在特征共同决定的，是审计师对反映公司经济活动的财务报告的重要保证。这些定义反映了审计质量是审计活动中审计师胜任能力、努力程度和独立性的共同反映（Bell et al.，2015）。胜任能力的缺乏会让审计师无法解决审计中遇到的关键问题，而丧失独立性的审计师也无法修正、识别客户真实的财务报告状况。审计师缺乏胜任能力和丧失独立性会带来低劣的审计质量，增加审计意见购买活动的发生概率。目前主要是从审计投入和审计产出两个方面来测度审计质量。审计投入包括审计师行业专长、审计费用、审计工时和事务所规模。审计产出包括财务重述、持续经营审计意见和小额微利及资产回报率阈值。最新研究表明，学术界和实务界共同认可的审计质量代理变量包括财务重述、盈余阈值和审计费用三项（Daniel，2018）。

因为内部控制审计数据的获得受到限制，目前关于内部控制审计质量的研究较少，研究方法也延续了研究财务报告审计质量采用的方法，在内控审计质量代理变量的选择上采用财务重述、盈余质量等与财务报告质量相同的代理变量。Bhaskar（2019）通过比较可能的内控缺陷和实际披露缺陷的差异来对内控审计质量进行测度，表明在中小公司中整合审计和仅进行财报审计的公司在审计质量上并没有显著差异，且认为整合审计的信息集成问题会带来效率损失从而损害中小公司的审计质量。内控审计从内容到方法都与财报审计有很大区别，因此如何有效评价内控审计质量是学术界和实务界亟待解决的问题。

（2）行业监管

美国证券交易委员会（SEC）和行业自律组织美国注册会计师协会（AICPA）负责对社会审计进行监管，同时国会和政府也重视对审计机关的监督和核查职能。审计署负责对社会审计机构的专项核查。SEC也负责对PCAOB的监管。

我国自1980年恢复注册会计师制度以来，经过40多年的发展，社会审计在社会主义市场经济发展中发挥的作用越来越重要，但同时也存在着社会审计执业行为不够规范、审计质量参差不齐等现象。早期发生的"银广夏""蓝田股份"严重影响了注册会计师行业的公信力，损伤了市场投资者的信心。近年来，中国资本市场出现的"四川长虹""万福生科""康美药业"等上市公司财务造假案件也揭示出长期以来中国上市公司审计质量低劣的事实并没有被彻底改变。因此，行业监管在"法律不完备"理论条件下提升社会审计质量，有效利用社会审计的作用至关重要。1994年，《中华人民共和国审计法》（简称《审计法》）赋予审计机关对社会审计机构指导、监督、管理职能。2006年，《审计法》修订后进一步对社会审计核查职能进行明确。2019年，新修订的《中华人民共和国证券法》（简称《证券法》）加大了监管层对市场中介机构的处罚权和处罚金额。

2.3.2　审计师与客户关系

（1）影响因素与市场反应

研究发现，在不断变化的市场竞争环境中，客户的动态经济利益权衡将会导致审计师—客户契约关系的重新组合（Johnson and Lys, 1990; Beattie and Fearnley, 1995）。当客户感觉审计费用较高时可能会变更审计师（Haskins and Williams, 1990; Johnson and Lys, 1990; Woo and Koh, 2001; Kallunki et al., 2007）。同时，审计费用在首次签约后会逐年增长，因此会计师事务所可能会通过给予首次审计费用折扣的方式促使客户进行审计师变更（Kanodia and Mukherhi，1994）。当审计费用的节约超过变更成本时客户会考虑变更审计师（Kallunki et al.，2007）。原有审计师—客户关系可能因为客户特定审计需求的改变而产生"误匹配"（Shu，2000）。然而审计市场的初始低价竞争可能引发投资者和监管者对审计质量的担心（DeAngelo，1980a；Dye，1991），同时法律环境会导致高的变更成本（Kallunki et al.，2007）。

Beattie 和 Fearnley（1995）认为公司的审计师变更行为主要是为了获取高质量的审计服务。当公司代理成本显著增长时，客户会选择更高级别的审计师（Woo and Koh，2001）。Abbott 和 Parker（2000）研究发现，随着审计委员会效率的提高，客户更倾向于雇用新的行业专家审计师。新的融资需求、客户成长、规模和国际化经营都与变更为更高质量的审计师的可能性相关（Chaney et al.，2004）。同时，客户可能出于管理协同的需求变更审计师，特别是在公司发生并购和母子公司的审计师选择中（Branson and Breesch，2004）。DeAngelo（1982）指出当客户的业务活动受到审计工作的严重影响时，客户主动辞退审计师的情况也是有可能发生的。

大量研究表明，财务状况和经营状况更为糟糕的客户更倾向于变更审计师（Weiss and Kalbers，2008；Hudaib and Cooke，2005）。Lennox（2000）发现客户会相信变更后得到有利的审计意见。早期研究指出，客户在收到非标审计意见后更倾向于变更审计师（Chow and Rice，1982；Krishnan and Stephens，1995；Krishnan et al.，1996），后续研究发现，客户在收到持续经营审计意见后更可能变更审计师（Carcello and Neal，2003；Ettredge et al.，2007；Carey et al. 2008）。在美国SOX法案实施后，研究发现客户在收到内部控制重大缺陷或未遵守法律法规的审计报告后一样会变更审计师（Ettredge et al.，2007；Krishnan and Visvanathan，2007），因为对会计实务和规则的理解不同和审计师的谨慎性会导致审计师变更。

Lu（2006）认为，自愿性审计师变更向资本市场的参与者传递了一个负面的信号，该信号在导致不利市场反应的同时也将削弱客户的审计意见购买行为效果。Teoh（1992）的模型分析表明市场对审计师变更的反应取决于多重因素，如果在接到标准意见后仍变更审计师，那么市场的负面反应将更为强烈。经验结果也证实了上述理论预期。Weiss和Kalbers（2008）考察了自愿性审计师变更后的非正常回报，发现在短时间窗口期内市场经历了负向反应。Well和Louder（1997）、Shu（2000）发现随着诉讼风险的增加，股票价格下跌幅度增大，审计师辞聘的市场消极反应愈加强烈。然而，Beneish等（2005）研究发现，审计师辞聘并且披露了分歧等事项的客户才会经历消极的市场反应。Kim和Park（2006）研究发现变更审计师的客户较大幅度地降低了发行价格。此外，美国证券交易委员会（SEC）通过强制要求公司解释变更理由试图让市场来对变更事件进行评价，但市场对披露了分歧等事件的变更行为反应并不强烈。Calderron等（2007）认为审计师变更披露不能反映公司变更行为的真实原因。Whisenant（2003）研究发现客户披露了审计师关于内部控制缺陷以及重大财务报告可靠性问题等事项时，市场反应为负。

Schloetzer（2006）发现报告滞后的客户更倾向于解聘"四大"会计师事务所。Lazer等（2004）发现，与变更公司相比，变更审计师的客户更可能进行季报重述。Knechel等（2007）发现当继任审计师为行业专家时，市场反应为正，反之为负。Romanus等（2008）进一步解释，当变更后审计师为行业专家时会与报告重述有正相关关系。此外，还有研究发现前任审计师的任期越长，继任审计师要求的审计费用越高（Knechel et al., 2007）。Shu（2000）发现小型会计师事务所的审计师更可能接受辞聘具有高诉讼风险的客户。在审计师变更与管理层离职方面，Menon和William（2008）认为，管理层需要与审计师保持良好合作关系，审计师变更会增加财务报告的不确定性，董事会有动机在辞聘审计师后变更公司高层经理。审计师与客户关系总体上是保持"沉默"和不透明的，审计费用本身就已经创造了潜在的利益冲突（Ball, 2009）。

（2）审计师与客户关系自然固化

审计师与客户关系的自然固化倾向十分普遍（DeAngelo, 1981b; Francis, 2011）。初始审计业务的启动成本来自确认公司账户、变更交易成本（Arens and Loebbecke, 1976）。审计师变更的交易成本会强化在位审计师的优势，交易成本还可能包括变更引起的市场疑虑、对变更的披露要求等（DeAngelo，1981b）。此外，公司可能出于商业活动保密性的考虑，通常情况下不愿意变更现任审计师（陈汉文，2012）。现任审计师对潜在竞争者拥有比较优势，并且期望在未来收取超过可变成本的审计费用来获得审计准租金，同时现任审计师对于客户构成了一项专用性资产，因此双方都有强烈动机维系已经建立的关系（DeAngelo，1981b；DeAngelo，1981a）。Dye（1991）指出审计师和客户在双边垄断中的谈判地位并不对等。如果客户面临的初始成本和交易成本一定，则审计师的谈判能力取决于审计公司总的准租金规模（Watts and Zimmerman，1981；DeAngelo，1981a；Chan and Wu，2011）。同时，现任优势下的非审计服务供给也会有助于审计师提升客户公司的经济效率（Ball，2009）。美国SEC前主席Levitt（2000）和Dopuch等（2001）质疑审计已被当成审计师谋取更有利可图的其他业务的途径。

Menon和Williams（1999）研究发现审计师和客户的稳定性会受到审计师行业专长提高的影响。Hills（2002）认为审计师与客户是稳定的关系，较长的审计任期可以提高审计质量。Myers等（2003）采用应计质量作为指标，研究发现审计任期越长，审计质量越高。Geiger和Raghunandan（2002）及Carcello和Nagy（2004）提供证据表明在欺诈、破产背景下长审计任期有助于改进审计质量。Cenker和Nagy（2008）研究了审计师行业专业化在审计师辞职决策中的作用，发现当行业专家高于当地平均水平或国家平均水平时，审计师与客户的关系会保持稳定。同时，Choi等（2004）比较了不同行业责任风险对国际"四大"会计师事务所市场份额的影响，研究发现在诉讼风险较高的行业，"四大"的市场份额增速显著低于风险较低的行业。

2.3.3 审计意见购买

（1）国外文献综述

上市公司作为被审计单位是审计意见购买的需求方，通常出于改善审计意见的动机进行审计意见购买行为（Chow and Rice，1982；Fisher，1991；Krishnan and Stephen，1995）。Smith（1986）统计发现收到非标审计意见后变更审计师的样本中仅有4%的样本是因为变更前后审计师意见不一致。Krishnan、Stephens（1995）和Krishna等（1996）发现继任审计师并不一定会出具有利的审计意见。Lennox（2000）发现收到不利审计意见的公司审计师变更频率更高，指出客户审计意见改善不能以变更前后作为比较基准。Lennox（2000）指出，如果客户判断变更能够实现审计意见改善的概率高于不变更的情况，则客户可能会通过变更审计师来实现审计意见购买。Archambeault和DeZoort（2001）研究发现，有效的审计委员会可以显著降低可疑审计师变更。Carcello和Neal（2003）考察了收到持续经营审计意见的客户，发现审计委员会中关联董事比例越高，董事持股比例越大，公司在收到持续经营审计意见后越可能变更审计师。Chan等（2006）发现在中国上市公司中，收到非标审计意见后客户倾向于从非地方审计师变更为地方审计师，而继任审计师更可能签发有利审计意见。Chen等（2009）发现在中国上市公司中，若客户公司跟随签字会计师同时变更会计师事务所，则客户更有机会获得有利的审计意见。Chen（2015）研究发现中国上市公司存在变更合伙人方式的审计意见购买行为。Newton（2016）发现美国内控审计市场存在审计意见购买行为。

  21世纪初，一系列重大财务舞弊和欺诈案的爆发表明审计市场可能系统性地处于危机之中（Coates，2007），然而无论审计师独立性是否确实系统性地被严重损害（Francis，2011）以及市场是否确实失灵（Ball，2009）均缺乏有效的经验证据。导致市场失灵的原因可能是多方面的（Hart，2009），但与审计师独立性受损最相关的可能还是来自信息不对称问题的加剧；并且在股权分散的情况下，依靠法律诉讼很难解决市场失灵的问题（Coates，2007；Hart，2009）。因此，审计师独立性和市场失灵问题为强化管制及执行机制提供了依据（Ball，2009）。关于披露管制的讨论很早就已经出现（DeAngle，1981b；Dye，1991），旨在通过披露包含审计师变更、审计费用和其他业务费用等信息而向市场传递更多的审计师客户关系信息。于是，为了削弱管理层对审计师聘任实施的影响（Levitt，1998；BRC，1999；SEC，2003），美国SOX法案将管制直接深入到了公司内部的治理层面，要求审计委员必须由独立董事构成并负责任命监督审计师的工作。审计意见购买行为必然会降低财报审计质量（Wallace，2006）。

（2）国内文献综述

李爽和吴溪（2001）发现，审计师变更的信息披露存在实质性内容缺乏、披露时间滞后等问题。耿建新和杨鹤（2001）研究发现，收到非标审议意见的公司往往是选择异地事务所的公司。李东平等（2001）发现，上一年出具非标意见是导致会计师事务所变更的根本原因。李爽和吴溪（2002）运用修正的Lennox（2000）模型对审计师变更样本进行检验，结果证明具有审计意见购买动机的上市公司可以通过审计师变更实现意见购买。陆正飞和童盼（2003）研究了监管政策对审计意见和审计师变更的影响，同样运用Lennox（2000）模型研究发现审计师变更与上年审计意见存在显著相关关系，其结果支持在2001年具有意见购买动机的公司能够成功实现意见购买，但证据较微弱。

吴联生和谭力（2005）的研究表明，上期审计意见和对改善审计意见的预期是公司变更审计师的依据。黄崑和张立民（2010）发现，前任非标审计意见同审计师变更的正相关关系更加紧密，且由大规模会计师事务所向小规模会计师事务所变更的频次显著上升。此外，委托代理问题下的经济利益驱动（刘峰等，2002）、公司治理结构缺陷（叶雪芳，2001）则是被审计单位参与审计意见购买的主要原因（王善平，2006）。

国内对于审计意见购买的研究基本延续了国外的研究方法和思路，主要从审计费用和审计意见两个角度进行。陈杰平等（2005）以2000—2002年被出具非标审计意见的上市公司为样本，发现在不发生审计师变更时，异常审计费用的提高与不利审计意见的改善显著正相关。唐跃军（2007）研究发现，异常审计费用增加降低了改善不利审计意见的可能性，上市公司董事会审计委员会的设立增加了改善不利审计意见的可能性。管亚梅（2010）指出，治理审计意见购买需要建立完备合理、公平竞争的市场竞争法律体系，并强化政府监管体系。

近年来，随着资本市场舞弊及财务造假事件频发，关于审计意见购买的研究文献逐渐增多。翟胜宝等（2016）的研究结果表明，当被更多的分析师跟踪时，企业有更强的动机通过审计意见购买行为获得更好的审计意见。陈宋生和曹圆圆（2018）基于博弈模型的研究，发现股权激励计划发布前一年，审计师会收取客户为购买审计意见而支付的异常审计费用。张俊民和宋捷（2019）发现，媒体在抑制我国资本市场审计意见购买机会主义行为中发挥了重要的信息效应与治理效应。曹丰和李珂（2019）研究发现，控股股东进行了股权质押的上市公司更多地进行了审计意见购买。随着内部控制审计的深入实施，内控审计意见购买行为被不断发现（张子健，2018；耀友福，2018；仇立文、张立民，2019）。

2.4　现有研究文献评价

公司内部控制的有效性可以约束管理层机会主义行为。近期国内逐渐兴起了关于内部控制审计的研究。作为一种外部审计治理机制，内部控制审计需要从审计基础理论的视角去探讨其功能与治理作用。此外，由于内部控制审计的对象是公司的内部控制，内控审计与财报审计有着本质的区别，因此无论从理论还是实践都值得我们进行深入的探讨。

第一，内部控制审计功能与作用机制的理论研究亟须加强。已有文献对内部控制审计的研究都是基于财务报告审计研究的方法和路径，在实证研究领域，研究多集中在内部控制审计缺陷披露后的部分经济后果，比如内部控制审计与财务报告审计所产生的协同效应，内部控制与总审计费用，内部控制审计与资本成本。研究对象主要从审计投入和审计产出两个方面选择，与财务报告审计进行对比评价。对内控审计费用、内控审计意见和内控审计独立性等独立的对象进行检验，并与财务报告审计进行对比。研究的实践性较强，但缺乏理论上的分析和呼应。由于评价指标相对单一，又缺乏审计理论的深入分析与支撑，因此难以对照审计基础理论形成系统性的结论。内控审计制度设计不仅以提升财务报告信息质量为目标，而且还担负着应对管理层舞弊和机会主义行为的责任，因此中国的内控审计不能简单地作为美国SOX法案的翻版用以指导中国的审计实践和学术研究，应该构建长远的以基础审计理论框架为目标的研究体系。

第二，中国的内部控制审计指引明确要求内控审计应包含非财务报告审计的部分，且中国监管层并没有强制要求公司采用整合审计模式。内部控制审计作为一种独立的外部治理机制理应具备审计的基本功能和特征。内控审计的功能和实施效果理应与财报审计存在差异，而现有文献中缺少针对内控审计的专门研究。由于内控审计过程和审计结果的数据可获得性较低，现有关于内部控制审计影响因素和经济后果的实证研究大多延续了财报审计的研究方法。在内控审计供给侧，内控审计质量上仍采用财务报告审计的代理变量。内控审计费用的模型也大多采用财报审计费用的经典模型。其他关于审计师规模、异常审计费用和审计师变更的研究也多基于财务报告审计的研究范式。在内控审计需求侧，现有研究大多假定公司内部控制管理模式的同质性，缺乏对各行业和公司内部控制审计及内控缺陷认定的差异化研究。此外，中国公司的内部控制缺陷存在选择性披露的问题，内控审计的相关研究也未能有效对内控审计中的缺陷识别问题进行划分，内控缺陷在划分上缺乏对财务报告和非财务报告的区分。对其市场反应的研究也多集中在权益成本、盈余预测等相对分散的领域。

第三，缺乏对内部控制审计实施效果背后原因机理的研究。现有研究主要从财报审计中的审计需求和审计供给中选取单独的视角对内控审计实施后的经济后果和影响因素进行评价，这些研究的时间区间大多集中在内控审计实施之初。从内部控制审计产生的制度背景来看，内部控制审计是管理层将外部监管深入到公司治理当中的一种手段，目的是建立公司良好的内部控制体系保障公司财务信息质量和广大投资者利益。而目前关于财务报告审计意见购买的研究并没有考虑公司内部控制、股权集中度、内部控制质量和地区文化因素，研究的深入性也不够。从国内外关于内部控制审计意见购买的研究来看，Newton等（2016）对美国资本市场中出现的内部控制审计意见购买行为进行了分析和研究，而中国的内部控制审计并非要求采取和美国相同的整合审计模式，并且中国资本市场的审计费用披露要求也与国外不同。因此，在中国这种审计需求不强且审计市场较为分散的市场环境中，内部控制审计这项制度安排经过了5年的实施是否达到了管理层预期、是否存在意见购买行为都值得我们去验证。我们力争在新的层次上进行拓展性研究。

第四，与国外研究相比，国内理论界对内控审计的研究结论存在一定差异。国内对内控审计的研究结论大多是积极肯定的一面，比如内控审计可以降低资本成本，内控审计可以降低盈余管理水平，甚至抑制真实盈余管理水平，显著提高财务报告信息质量。但国外的文献研究结论包含内控审计增加了不必要的审计成本，加重了公司的负担；甚至对中小公司而言，实施整合审计带来了更高的财务重述水平和操控性应计，降低了财务报告审计质量（Bhaskar et al., 2019）。国内现有研究主要从财报审计中的审计需求和审计供给中选取单独的视角对内控审计实施后的经济后果和影响因素进行评价，这些研究的时间区间大多集中在内控审计实施之初[①]。由于内部控制审计政策是分批分次强制实施的，实施效果具有滞后性，因此需要长时间窗口的系统性研究来对其功能实现和实施效果进行研判。

---

① 国内内控审计的研究样本区间大多集中在内控审计实施之初，即2011—2014年。

3
制度背景与理论基础

本章首先对内部控制审计制度设计及产生背景进行解析,然后对审计需求理论中的委托代理理论、信息理论、保险理论和不完全契约理论进行整理。将全书的研究主题设定在制度背景与理论分析之中,分析制度背景和理论基础对中国内部控制审计功能和实施效果的作用,为后面章节的研究奠定基础。

3.1 公司外部审计的职能

作为一种外部治理机制,公司审计有其自身的理论基础。审计需求理论的三大理论假说透视了审计作为一项重要的制度安排所具有的经济价值。信息理论下审计具有信息传递的职能,可以缓解信息不对称问题,避免市场中的逆向选择问题。委托代理理论下审计是委托人和代理人的共同需求,承担了公司外部监督治理的主要职能。而保险理论下审计是转移财务报表风险的一种机制,当审计失败时公司和审计师承担投资者损失赔偿的责任。长期以来,在中国的资本市场中,审计承担更多的是信息鉴证的监督职能。而在过去很长一段时间内,审计的保险职能在实务中并没有得到充分验证。

审计需求的信息理论又分为信号传递理论和信息系统理论两个分支。信号传递理论主要讨论市场中信息不对称的问题,向市场有效传递公司状态的信息,从而缓解市场中的逆向选择;而信息系统理论是随着会计信息决策有用观的出现而产生的,其基本前提是股东及利益相关者广泛地依赖财务信息,将其作为决策的依据。因此,审计需求的信息系统的观念是会计信息决策有用观的逻辑延伸,它认为审计的本质在于增进财务会计信息的可信性及其决策有用性。对于投资者来说,信息获取的目的在于价值发现和决策有用,获取的途径也不仅仅局限于现有的审计契约关系；同时，注册会计师的民事法律责任范围从只对委托人负责到不断向第三方负责（Lee，1993）。Chen等（2000）研究认为，审计意见具有决策有用性以及审计报告具有信息含量。因此，审计的职能除了监督机制以外还可以通过信息功能缓解市场信息不对称，提高财务信息的可信性并增进财务信息的决策价值。

审计需求的保险理论以风险转移为理论基础。审计的保险假说理论需要一定的前提条件：一是信息使用者具有向审计师提起诉讼的权利；二是审计师具有相应的赔偿能力（Williams，1994）。2003年，最高人民法院颁布《关于审理证券市场因虚假陈述引发的民事赔偿案件的若干规定》，要求为上市公司进行审计的会计师事务所就审计意见的公允性对财务报告的使用者负有保证义务，当审计师违反这种保证义务且给报告使用者带来损失时，要对报告使用者承担民事赔偿责任。审计师民事责任制度的建立，对投资者利益起到了实质性的保护作用，标志着中国资本市场中外部审计的保险功能有了相应的法律依据。2018年，上海市高级人民法院发布《上海大智慧股份有限公司、立信会计师事务所与曹建荣、吴明稳等证券虚假陈述责任纠纷二审民事判决书》，显示维持立信会计师事务所因虚假陈述而承担连带赔偿责任的判决。2019年1月，投资者诉金亚科技证券虚假陈述系列案再获胜诉判决，立信会计师事务所被判承担连带赔偿责任。这系列司法判决也说明，目前中国资本市场不但具备审计师民事赔偿责任制度环境，而且在近年的实务中审计的保险赔偿职能也得到了体现。因此，我们认为审计需求的保险理论在中国资本市场中正在得到验证。

市场经济效率运行是外部审计的目的，外部审计是市场经济效率运行的保障。随着中国资本市场的发展以及对外开放和各项改革措施的落地实施，公司审计的各项职能都在不断发展显现。独立审计越完善，越能在市场经济中发挥作用，越能促进经济的健康发展。审计的市场服务功能主要体现在：

第一，财产所有权和经营管理权的两权分离是现代公司制度的根本特征，而外部审计受托责任的概念能够保障公司所有者的基本利益。外部审计通过内部控制审计促进公司内部控制制度的建立和完善，应对管理层的机会主义和舞弊行为。通过财务报告审计可以厘清公司经营财务状况，对外披露信息，规范管理层行为。审计师通过对公司内部控制、财务状况和经营成果的测试与评估，可以有效监督规范管理者行为，维护股东和投资者利益。及时发现和揭露管理层的违法行为，可抑制公司之中存在的舞弊行为，有利于维护良好的市场秩序，促进市场经济的有效发展。审计师履行审计任务的同时也间接参与了公司管理，有效促进了企业经营管理的完善并提高了企业的经济效益。

第二，审计对公司的服务也可以通过审计报告提供的信息和质量的高低体现，直接影响着利益方的决策行为。公司所有者、管理层、债权人、投资者和监管层都重视公司会计信息的质量高低和对外公布的效率，以便进行及时高效的决策，因此审计报告质量极大地影响了相关利益方的利益。审计质量越高，越有利于解决市场信息不对称的问题，有效避免逆向选择以及市场非效率发展问题。因此，审计的基本职能——信息职能、监督职能和保险职能有效充分的发挥，是审计经济价值的直接体现。只有充分发挥审计的基本职能，审计制度才能有效配置社会资源并提高经济效率，审计才能起到维护市场经济秩序、实现高质量发展的作用。

3.2 内部控制审计制度发展

3.2.1 国外内部控制审计制度发展历程

国外公司内部控制审计制度相关的理论与实践经历了以下几个发展阶段：

（1）20世纪初至20世纪60年代的内部控制评价阶段

1905年，劳伦斯·罗伯特在《迪克西审计学》中最早指出内部牵制是决定详细验证工作的关键。1912年，蒙哥马利首次提及财务报表审计中内部控制的重要性，提议将企业的内部控制制度评价纳入财务报表审计范围中。1936年，阿诺尼莫斯在《审计测试方法》中指出之所以要检查内部控制系统是为了确定能在何种程度依赖内部控制系统去完成自己的检查工作。1940年，美国证券交易委员会（SEC）正式要求注册会计师增加内部控制评价内容，主张外部独立审计师在审计报告中对外公开披露其对企业内部控制审查情况。1947年，美国会计师协会（AIA）审计程序委员会发布的《审计标准说明》指出，应对现行的内部控制进行研究和评价，在此基础上决定对内部控制的依赖程度，确定受审计程序限定的测试程度。1949年，美国注册会计师协会（AICPA）正式定义了内部控制的内涵，确定了内部控制评价的法定地位，将内部控制评价确定为财务报表审计的必要程序。

（2）20世纪70年代至20世纪90年代的内部控制审核阶段

1974年，美国科恩委员会提议公司的管理当局应对外公开披露公司内部控制系统报告，聘任外部独立审计师对该报告签发审计意见。1977年的《反国外行贿法案》明确要求，公开上市的公司必须建立足以达到控制目标的内部会计控制系统。上市公司开始重视内部控制系统的重要作用，并不断完善自身的内部控制系统。1979年，美国证券交易委员会（SEC）发布征求意见稿，要求上市公司的管理层出具企业内部控制报告并聘任外部审计师对此报告进行评价。1980年，美国注册会计师协会（AICPA）出版了审计标准说明《内部会计控制报告》，以此来对公司内部控制系统进行评价。

（3）21世纪的内部控制审计发展阶段

20世纪90年代，频发的商业银行破产案促成《联邦储蓄保险公司改善法案》的颁布实施，该法案明令要求公司管理层对内部控制有效性进行评价。20世纪初，安然、世通财务造假案件催生了《SOX法案》实施。该法案的第302条款和第404条款要求上市公司的管理层对财务报告内部控制的有效性负责，并在披露年度财务报告的同时对外披露经注册会计师审计的内部控制自我评价报告，由此美国上市公司内部控制审计评价由自愿性披露阶段正式进入强制性披露阶段。2004年3月，PCAOB发布《审计准则第2号——与财务报表审计相关的财务报告内部控制审计》（简称AS2）首次提出将财务报表审计和内部控制审计整合的理念。2007年，PCAOB发布取代AS2的《审计准则第5号——与财务报表审计相整合的财务报告内部控制审计》（简称AS5），指导审计师重点关注被审计单位的风险领域，节约审计成本，提高审计质量。紧随美国之后，日本、英国和加拿大等国家也相继出台适应本国的内部控制审计相关法规，对上市公司进行内部控制审计做出了强制性的规定。

（4）SOX法案的持续改进

美国SEC、PCAOB及学术界对公司内控合规性及内控审计的成本与效益持续关注。2003—2009年，SEC先后发布了11项规则对第404条款进行修正。普遍认为，遵守该法案第404条款的成本出乎意料地高。关注AS2的实施进展，研究发现其中或部分条款不清晰，或过于关注细节反而影响注册会计师的职业判断，成本效益较低。基于此，2007年PCAOB发布了取代AS2的AS5，引导注册会计师重点关注被审计单位的高风险，及时发现内部控制重大缺陷，节约审计成本，提高审计质量。其内控合规性政策包含公司成本负担以及存在人员不足和公司治理结构简单的科技类公司。AS2中按照公司市值和公众持股市值限定了实施内控审计第404a条款和第404b条款的公司范围，减少了SRC[①]公司的负担和成本，提高了SOX法案的成本效益。创新科技和医药生物类公司研发周期相对较长，同时公司存在人员不足和公司治理结构简单的问题。为了促进这类公司的首次公开募股（IPO）顺利进行并减少其成本费用，2018年7月美国SEC放松了对SRC公司的限定条件。限定SRC公司为公众持股市值为75000万~250000万美元或收入少于1亿美元的公司，同时提高了对大型公司市值上限的要求。

3.2.2 国内内部控制审计制度发展历程

中国内部控制审计制度发展相对较晚。1982年，《中华人民共和国宪法》规定，赋予审计署对政府机构、国有企业等国有资产使用机构的审计监督职能。1995年的审计署令1号文件《审计署关于内部审计工作的规定》，以及1996年中注协发布的《独立审计具体准则第9号——内部控制与审计风险》，都对注册会计师评价企业的内部控制做出明确的规范。1999年修订的《会计法》以法律的形式要求公司建立内部控制制度。2002年，中注协颁布《内部控制审核指导意见》，实施内部控制审核制度。2006年，《企业内部控制指引》

---

① 2007年，SEC定义SRC为"Small Reported Company"，在内控合规性方面无须SOX 404b的约束。

的颁布要求公司管理层披露内部控制自我评价报告的核实意见。

2008年，财政部等五部委联合发布的《企业内部控制基本规范》中所称内部控制，是由企业董事会、监事会、经理层和全体员工实施的、旨在实现控制目标的过程。《企业内部控制基本规范》规定上市公司于2009年7月1日开始执行内部控制自我评价并披露内控自评报告，国内内部控制评价与审计相关规范正式出台。2010年，财政部等五部委发布具有内部控制审计制度奠基意义的三大指引《内部控制应用指引》《内部控制评价指引》和《内部控制审计指引》，要求上市公司以及非上市大中型企业必须评价内部控制的有效性，在披露内部控制评价报告的同时聘请注册会计师对公司内部控制审计有效性发表审计意见。与此同时，为确保稳健施行内部控制规范与指引，财政部等五部委制定了内部控制审计分主板分期分批执行进程表：①2011年1月1日之后在境内外同时上市的公司应率先聘任外部审计师执行内部控制审计业务；②2012年1月1日之后在沪深主板上市的国有控股公司应执行内部控制审计业务；③依托上述基础，在中小板与创业板上市公司中择机实施内部控制审计业务；④鼓励非上市大中型企业提前实施内部控制审计业务。

3.3 监管环境的发展与变革

市场失灵和系统性金融风险逐渐为学术界和实务界所认知，特别是2008年金融危机的爆发使各国政府和监管层对危机产生的原因和对策进行了深入的研究和反思。部分学者认为金融危机爆发的重要原因之一是缺乏有效的监管。随着中国资本市场改革的深入以及步入新常态的经济环境和高质量发展的要求，资本市场运行中潜在的风险隐患逐渐开始显现。2015年资本市场的剧烈震荡，以及近年来公司舞弊和财务造假的一系列丑闻使得完善资本市场风险监管体系显得尤为重要。

3.3.1 金融监管发展与需求

传统的公共利益理论认为，为了保护股东和广大投资者利益，应对资本市场失灵和系统性金融风险，需要政府作为公共利益的代表对资本市场进行监管。"法律不完备"理论认为在执法和立法之间的交互作用中，监管者起着关键性的作用。监管者不是单纯去寻找证据的机构，监管者大量的工作内容是在补充完善法律制度，每一个监管者都在制定法规（许成钢，2001）。在对金融监管体制的比较研究中，发展中的经济体在司法制度同样落后的情况下，疏于监管的捷克股票市场濒临崩溃；反之，由于独立监管机构的严格执法，波兰的资本市场得到了快速发展（Glaeser，2001）。同样属于转轨体制下的新兴市场，司法制度的不完善以及立法的滞后性会加剧追逐利益的金融市场出现法律的不完备性特征。此时，需要金融监管作为执法机构的必要补充（Stigler，1971）。有效的监管举措有助于帮助普通投资者甄别公司信息，合理引导外部治理机制，揭示出公司隐藏信息，并向市场发出信号，减少金融市场的波动。

目前中国证券市场已经出台了一系列的关于规范金融市场环境建立监管机制的相关法律法规，比如《中华人民共和国公司法》（以下简称《公司法》）《上市公司信息披露管理办法》《中华人民共和国证券法》（以下简称《证券法》）《股票上市规则》等。这些法律法规的出台，有利于保护投资者利益，是在"不完备法律"环境下的有力补充，完善了上市公司的监管体制，能够促进资本市场的健康发展。2006年1月1日起开始实施的《公司法》健全和完善了与上市公司有关的法律制度，其中包含规范上市公司治理结构、健全投资者权益保护机制和加强对上市公司信息披露的监管，为在资本市场中规范运作上市公司提供了极其重要的法律依据和制度保障。2006年12月13日，《上市公司信息披露管理办法》经中国证券监督管理委员会第196次主席办公会议审议通过。管理办法包括具体的年度、中期报告事项和公司董监高的具体义务和责任。具体包括规范券商、上市公司及其他信息披露义务人的信息披露行为，保护投资者合法权益。2014年修订的《证券法》对发行人、上市公司和证券服务机构的信息披露、内部交易、虚假陈述和虚假记载等都有具体的处罚措施。

随着我国金融市场改革的深入，各项监管需求不断发展。2016—2019年中国纳入MSCI指数（摩根士丹利资本国际指数）因子已经增加至20%。2019

年10月，国务院发布《国务院关于进一步做好利用外资工作的意见》，明确2020年要取消证券公司、证券投资基金管理公司、期货公司、寿险公司外资持股比例不超过51%的限制。2019年12月《证券法》（修订草案）也聚焦在注册制的实施以及投资者保护机制的确立上。因此，随着金融改革的深入，市场要求高质量的上市公司，这对监管制度提出了更高的要求。在政府行政监管资源有限的情况下，市场监督机制也要充分发挥作用。2020年，国务院发布《国务院关于进一步提高上市公司质量的意见》和《国务院办公厅关于进一步规范财务审计秩序促进注册会计师行业健康发展的意见》，加强对上市公司实施企业内部控制规范的管理、指导和监督，规范会计师事务所内部控制审计行为，提升上市公司财务报告内部控制有效性和会计信息质量，加大对资本市场领域财会监督力度。

市场监督制度设计的初衷是保护市场投资者的基本权益，保证有效市场的效率和公平，建立市场秩序保障经济效率。社会审计是资本市场监督机制的重要组成部分。外部治理机制对公司披露信息进行鉴证，不仅在微观层面发挥着治理和监督作用，而且在一定程度上可以起到防范系统性风险的作用。社会审计通过对微观市场主体发挥治理和监督作用来增强资本市场主体运营的内在稳定性。可靠的审计质量是实现社会审计监督目标的前提。目前，社会审计监管采取政府监管与行业自律监管相结合的模式，监管主体包括政府部门和行业自律协会。我国对审计市场具有监督权力的行政机关包括财政部、证券监督管理委员会、市场监督管理和税务机关。审计师行业自律监管的实施主体包括中国注册会计师协会和各地方注册会计师协会。

近年来，财政部会同证监会等有关部门，不断健全企业内部控制规范体系，逐步建立了上市公司实施、注册会计师审计、政府监管推动的内部控制实施机制，着力推动上市公司提升内部控制水平，上市公司实施企业内部控制规范总体取得一定成效；但部分上市公司仍存在对内部控制重视程度不够、内部控制缺陷标准不恰当、内部控制评价和审计未充分发挥应有作用等问题。

2020年，《国务院关于进一步提高上市公司质量的意见》明确提出"严格执行上市公司内控制度，加快推行内控规范体系，提升内控有效性"。2021

年,《国务院办公厅关于进一步规范财务审计秩序促进注册会计师行业健康发展的意见》也明确了对会计核算、内部控制、信息化建设等方面的要求。该意见特别强调了财务报告内部控制是加强财会监督、遏制财务造假、提高上市公司会计信息质量的重要基础。上市公司和中介机构要高度重视,切实提升上市公司财务报告内部控制的有效性,充分发挥内部控制在上市公司财务报告中的控制关口前移、提升披露透明度、保护投资者权益等重要作用。

3.3.2 法律环境建设

2003年1月9日,《关于审理证券市场因虚假陈述引发的民事赔偿案件的若干规定》是最高人民法院颁布的审理证券民事赔偿案件适用法律的第一个系统性司法解释,确立了虚假陈述诉讼制度。2007年6月,最高人民法院专门出台了《关于审理涉及会计师事务所在审计业务活动中民事侵权赔偿案件的若干规定》,更加具体地规定了会计师事务所的侵权责任。但这一规定限制了会计师事务所的责任范围,对会计师事务所非常有利。2018年8月20日,国内首家金融法院——上海金融法院挂牌,由此全国首家专门负责涉金融案件审理的中级人民法院诞生。运营首日,上海金融法院就受理了成立后的第一起案件。2019年新修订的《证券法》规定,投资者保护机构可以作为诉讼代表人,依法为受害投资者提起民事损害赔偿诉讼,这被认定为中国特色的证券集体诉讼制度。

长期以来,虽然中国资本市场具有支持投资者索赔的民事诉讼法律基础,但由于司法诉讼程序漫长、集体诉讼不被支持等因素存在,普通投资者索赔中介机构的现实案例很少见。2006年7月,武汉中级人民法院对湖北蓝田造假案做出判决,除了上市公司对投资者进行赔偿外,为其提供审计服务的华伦会计师事务所也被判决对原告的经济损失承担连带赔偿责任。近年来,随着监管需求的发展和以金融法院的设立为标志的判决条件的改善[①],审计师民事诉讼的法律依据和审判条件都得到充分保障。此外,最高人民法院司法解释

---

① 目前上海金融法院仅受理金融民商事案件和涉金融的行政案件,不受理刑事案件。

规定，"投资人以自己受到虚假陈述侵害为由，依据有关机关的行政处罚决定或者人民法院的刑事裁判文书，对虚假陈述行为人提起的民事赔偿诉讼，符合《民事诉讼法》第一百零八条规定的，人民法院应当受理"。由此可见，行政处罚决定或刑事判决是虚假陈述民事诉讼立案的先决条件。2015年11月，大智慧发布关于收到中国证监会《行政处罚及市场禁入事先告知书》的公告。公告显示大智慧在2013年存在多起虚增收入的行为，共计虚增了过亿元营业收入。2018年，上海市高级人民法院发布的《上海大智慧股份有限公司、立信会计师事务所与曹建荣、吴明稳等证券虚假陈述责任纠纷二审民事判决书》显示，维持立信会计师事务所因虚假陈述而承担连带赔偿责任。2019年，投资者诉金亚科技证券虚假陈述系列案再获胜诉判决，立信会计师事务所被判承担连带赔偿责任。金亚科技因涉嫌欺诈发行股票等违法行为被证监会移送公安机关。深交所正式启动对金亚科技的强制退市机制。

以注册制改革为核心，资本市场基础制度不断完善，法律规范体系更加健全。2019年新证券法修订后，2021年7月，中共中央办公厅、国务院办公厅印发《关于依法从严打击证券违法活动的意见》后，上市公司违法违规成本显著提高，"零容忍"理念深入人心；特别代表人诉讼落地实施，证券虚假陈述司法解释修订，投资者保护新格局逐渐形成。新证券法正式施行以来，资本市场法律规范实施体系更趋完善，违法违规成本显著提高，投资者权益保护得到全面加强。

从以上监管政策和法律法规的实施可以看出，我国资本市场监管体系在不断发展与完善。一方面，对于上市公司而言，存在内部控制缺陷、公司治理机制不能有效发挥导致出现管理层舞弊以及会计差错可能导致监管层的处罚并承担诉讼风险。另一方面，对于审计师而言，因为管理层舞弊和会计差错导致的虚假披露和欺诈行为对投资者造成损失，审计师的诉讼风险和赔偿责任也正在不断明确。在资本市场中的法律体系和监管制度不断完善的情况下，上市公司和审计师如何规范公司内部控制，提高审计质量，避免出现因管理层舞弊和会计差错出现被处罚并承担相关法律责任和诉讼风险的处境变得尤为重要。

3.4 理论基础

3.4.1 审计需求理论

审计因为社会经济责任的发生而产生，又因社会经济责任的发展而发展。审计是社会经济发展的产物，是经济信息传递过程不可缺少的部分。它通过外部治理的方式服务公众公司和市场参与者，满足资本市场中利益相关方的各类需求。在现有的审计需求理论中，主要围绕本书涉及的理论框架中的代理理论、信息理论和保险理论进行研究。

（1）审计需求的代理理论

Jensen 和 Meckling（1976）提出的委托代理理论是审计监督职能的理论渊源。在公司所有权和经营权分离的背景下，由于代理问题和代理成本的存在，产生了受托责任问题，而审计就是基于受托责任关系而产生的。为了避免潜在的利益冲突导致的高额代理成本，代理人会产生主动被监督的需求；委托人为了自身利益不受代理人的机会主义行为的损害，也需要审计来对代理人实施监督。审计正是在公司所有权和经营权分离的背景下产生的，通过对被审计单位的财务报告的审查，检验并鉴证各类经济业务和交易事项的完整性和真实性，达到对经营管理者机会主义行为的监督，最终检验受托经济责任的执行效率与效果。

引入独立审计后也会产生双重委托代理关系。投资者和管理者之间的委托代理关系，称为首要的委托代理关系；投资者和外部审计机构之间的委托代理关系，即次要的委托代理关系。后者因前者而产生。信息的不对称性，以及代理人存在可能的隐藏行动和隐藏信息的行为，使得委托人直接监督代理人存在较高的成本。为了降低最终的代理成本，只要监督收益大于监督成本，委托人便会引入独立审计来实施对代理人的监督和约束以实现降低代理成本的需要。

审计监督是否有效还取决于双方的利益实现途径和方式。当委托人和代理人地位不平等时,委托代理关系契约就会出现失衡。长期以来,由于存在"内部人控制"等问题,审计需求并非完全有效。公司实控人控制股东大会和审计委员会,成为事实上的委托人,具备审计师选择权和审计定价权。此时,在经济利益和市场环境的压力下,审计师的独立性会降低以满足委托人的特殊需求,甚至出现"审计合谋"的现象。此时的委托代理关系发生变异,委托人、代理人和审计师三角关系处于失衡状态,独立审计也难以满足受托经济责任的履行。

(2)审计需求的信息理论

信息是市场中公司、投资者和监管层进行经济决策和制定监管策略的关键因素。审计需求的信息理论认为,审计的本质是通过信号传递功能解决市场利益相关方信息不对称并增进财务会计信息的决策有用性,最终实现促进经济资源配置效率的作用。

信息理论是在信息不对称理论基础之上产生的,认为市场参与者均面临信息不对称的问题。公司管理层具有明显的信息优势,管理层一旦具有机会主义的动机,便有可能发生舞弊行为来追求私利。为了避免虚假信息扭曲经济资源配置效率,公司所有者和监管层都愿意聘请高质量审计师对公司财务和经营信息进行鉴证,确保向市场信息使用者传递真实信息,保证有效市场中的经济效率和资源配置良性运行。

信息理论具体可分为信号传递理论和信息系统理论。信号传递理论是在市场具有可信价值的信息竞争和有限的经济资源的有效市场中,公司基于融资和发展的需求积极聘请高声誉审计师向市场传递具有可信价值的经营财务信息,向市场发出公司良性运行的信号,从而达到降低信息不对称、实现融资需求的目的。对监管层而言,让公司定期公布财务报告审计信息,向市场传递可信的公司经营业绩信息,从而缓解市场的逆向选择问题,实现市场经济资源效率运行。在信息系统理论中,公司股东、债权人等会计信息使用者需要把具有信息含量的会计信息作为决策的依据,体现会计信息的决策有用观,而普通市场参与者不具备判断财务信息真实、公允的能力,需要具有专业执业能力的审计师进行鉴证并出具审计报告。

对审计供给方而言，审计师必须确保提供的审计质量，保证自身的声誉不受损失。因为一旦市场不能区分审计质量的高低，公司管理层就没有聘请高质量审计师的动机。特别是当审计质量不是审计市场竞争的主导方式时，审计师也没有动力改善审计质量。在这种情况下，信号传递机制就难以发挥作用，声誉机制也会失灵。在外部监管力度较大的情况下，部分信号传递的方向会发生转变。

（3）审计需求的保险理论

审计需求的保险理论的基本观点是：审计具有保险功能，可以实现财务报表风险的转移，市场参与者对审计的本质需求来自降低财务报告的信息风险及可能带来的损失。基于保险理论的审计保险机制，即通过保险的方式将财务信息风险全部或部分转移给保险人。审计保险功能的实现需要两个前提条件：第一，信息使用者具有向审计师提起诉讼的权利。第二，审计师具有相应的赔偿能力（Menon and Williams，1994）。然而，在中国的资本市场中，审计需求的保险理论发挥作用存在制约：第一，民事诉讼中上市公司受到行政处罚或刑事处罚是民事诉讼案件立案的主要依据。在实务中，股东必须把刑事处罚书或者行政处罚书作为事实证据才能够提起民事赔偿诉讼。第二，会计师事务所的赔偿存在最高责任限额，即在审计师不实审计金额范围内承担相应的赔偿责任。此外，长期以来司法机关并不支持集体诉讼请求。近年来，中国资本市场法制建设在投资者保护领域持续推进改革，特别是2019年颁布的新《证券法》第95条规定，投资者提起虚假陈述等证券民事赔偿诉讼时，可以依法推选代表人对公司和中介机构进行诉讼；而且在新修正的《证券法》中加大了对中介机构及会计师事务所的处罚力度。这些举措也逐渐让审计的保险功能在法律制度上得到支持。

3.4.2 政府监管理论

监管理论的主流是起源于福利经济学的公共利益论。庇古的福利经济学即"公众利益"理论，是一种建立在自由市场条件下的出现市场失灵以及政府通过监管纠正市场失灵的假设。公众利益理论为现代政府经济学奠定了理论基础，指导政府应该做什么并说明原因。研究者于是开始关注政府政策制定的过程及其监管效果。塔洛克（1967）认为，政府行政管制经济会导致市场经济行为受到限制并产生大量寻租行为，引起过高的代理成本和经济资源的无效配置。经济学家乔治·斯蒂格勒（1964）则认为美国 SEC 没有对美国证券市场进行严密的调查，监管干扰了正常市场机制的有效发挥。乔治·斯蒂格勒（1971）批判了良性政府的假设，质疑监管者的动机和能力。政府监管是某些利益集团牟取特殊利益的需要，而绝非维护公共利益。"法律不完备"理论认为在执法和立法的交互作用中，监管起到了关键性的作用，在逐利的资本市场中法律的不完备性决定了必须要引入行政监管来维持市场的公平秩序与效率（许成钢，2001）。

Watts 和 Zimmerman（1981）研究发现审计师会对影响会计师事务所与客户合同契约的审计准则持反对意见。DeAngelo（1982）发现受会计准则消极影响最严重的企业更有可能变更审计师。Ellickson（1991）认为，市场参与者之间因为需要长时间的互利互惠，因此他们之间的利益冲突不需要政府干预就能自己解决。目前学术界对于以政府为主导的市场监管制度的认识是逐步趋于理性的，均认可经济市场的良性运作离不开监管的观点，重要的是如何有效监管。

3.4.3 不完全契约理论

契约经济学家认为公司是一组契约的联结（Coase，1937）。用契约理论研究现代公司治理，现代契约理论将契约区分为完全契约和不完全契约。导致契约不完全的原因主要有两个：一是人有限理性，思维是有限的，对未来事件和外在环境无法完全预期；二是交易成本，即对未来进行预测，对预测及措施达成协议并写入契约，确保可以执行等均存在交易成本，在此情况下，缔约各方愿意遗漏许多内容，或有意留待以后出现事件时再行协商。此外由于制度和文化背景，还存在各种隐性契约。"隐性"主要指契约各方的各种潜在的、不以明确合同约定的"潜规则"。比如在我国儒家文化的背景下，社会文化价值观维度中存集体主义倾向、权力距离较大，因而在会计实务中表现出会计准则制定与遵守倾向的统一性、会计信息披露的对外保密性较强。公司管理层与会计师存在利己主义的私约，在这种隐性的契约关系下，就会出现会计师对管理层的配合甚至出现审计合谋。

契约理论已在审计中得到较为广泛的应用。在财务报告审计中，审计师的职责本质上也是验证契约条款所使用的数据是否符合公认会计程序，是否符合契约条款的各项规定，以及各类契约的执行情况（Watts and Zimmerman, 1986）。然而，由于审计市场竞争和审计需求不足，审计契约双方的地位是不平等的。公司审计需求方在审计契约签订中具有较强的谈判能力。在审计契约的签订和履行过程中处于被动地位的审计师往往会受制于公司管理层。审计市场的低价揽客行为会对会计师事务所产生专用型资产以及专用型准租。审计师为收回已经投入的审计成本并且实现未来的审计准租收益，只能选择配合管理层的合作要求。此时在审计工作中不能完全履行自身职责，更有甚者出现配合管理层的意见购买现象。此外，委托人会通过激励机制使代理人按其意志行事。上市公司基于风险与收益的考虑，会给审计师支付高额的异常审计费用，以获得对自身有利的审计意见。而在监管措施不利或无效时，代理人在考虑风险与收益的情况下会选择接受委托人的收买（Chen et al., 2010）。

3.4.4 有效市场理论

Fama（1965）提出有效市场理论，根据该理论，如果资本市场中的股票价格能够充分准确地反映市场中的全部信息，便称其为有效率的市场。在证券股票市场中，股票交易价格将充分反映所有为公众所知的与该证券有关的信息。我们根据信息反映效率的高低，将有效市场分为三种类型：强式有效市场、半强式有效市场和弱式有效市场。在强式有效市场中，股票价格可以反映所有的信息，而不仅仅是公众可以获得的信息。在半强式有效市场中，所有公开信息都没有获利价值，谁提前掌握了内幕消息，谁就可能获得超额利润。而在弱式有效市场中，股票价格能够充分反映历史序列中的所有信息。在这种情况下，投资者甚至不能通过历史信息获得超额利润。

在实际中，资本市场的有效性对于经济发展效率和广大投资者至关重要。

股票价格只有充分真实地反映信息，才能促进市场的资源配置，避免逆向选择和过高的交易成本。审计师在有效市场环境中，才能充分发挥其监督、信息和保险功能，通过对外披露高审计质量的公司财务和内控信息来促进市场的效率选择。反之，如果审计师不能提供高质量的审计服务，甚至出现审计合谋意见购买的现象，就会伤害资本市场的有效性，损害广大投资者的利益。

3.5 理论分析框架

本书从审计需求的代理理论、信息理论和保险理论三个层面来检验内控审计的监督、信息和保险功能，力求探究内部控制审计的功能发挥与实施效果。同时，从审计供给端分析内控审计质量对财务报告审计质量的影响，并进一步分析影响审计功能发挥的审计意见购买活动。本章理论分析的基本框架如图3-1所示。

内部控制审计作为一种新兴的外部审计治理机制，其制度设计目标和功能都可以对公司内部控制有效性提供重要保障，可以有效提高会计信息质量并抑制管理层的机会主义行为。内控审计也是在当前监管趋严和投资者保护改革背景下，广大投资者和监管层共同选择的资本市场治理机制。然而，从审计方法和审计内容上看，内控审计与财务报告审计具有明显差异，各公司内控水平的异质性让内控审计意见的形成更具有不可观测性。本书根据审计需求基础理论，研究内部控制审计的功能发挥对内控审计质量差异的影响。

本书基于审计需求理论来研究内控审计的监督、信息和保险功能。公司的内部控制缺陷不仅会损害公司的会计信息系统造成会计差错，而且会为管理层的机会主义行为提供便利，因此内控审计的制度设计符合现代公司外部治理及监管的需要。内控审计的具体功能包括：第一，内部控制审计发挥监督功能对公司内部控制缺陷的识别披露，以及对公司内控有效性的评价，可以对公司内部控制形成有效的监督，抑制公司违规违法行为和管理层舞弊的发生，从事实上促使公司管理层改进公司内部控制系统，遵守法律法规，约束盈余管理行为。第二，在监管和制度有效的市场环境下，内控审计信息功能形成的内控审计意见具有表达公司内部控制有效性的信息含量,非标内控审计意见不仅具有独立的信号作用,还可以起到强化非标财务报告审计意见的功能,为市场中投资者和监管层进行各类决策提供依据。第三,在法律制度健全的市场环境下,内控审计保险功能增加了审计的保险价值,强化了法律风险和审计师规模对保险价值的影响,同时通过非标内控意见预警的方式减轻了公司和审计师的责任。

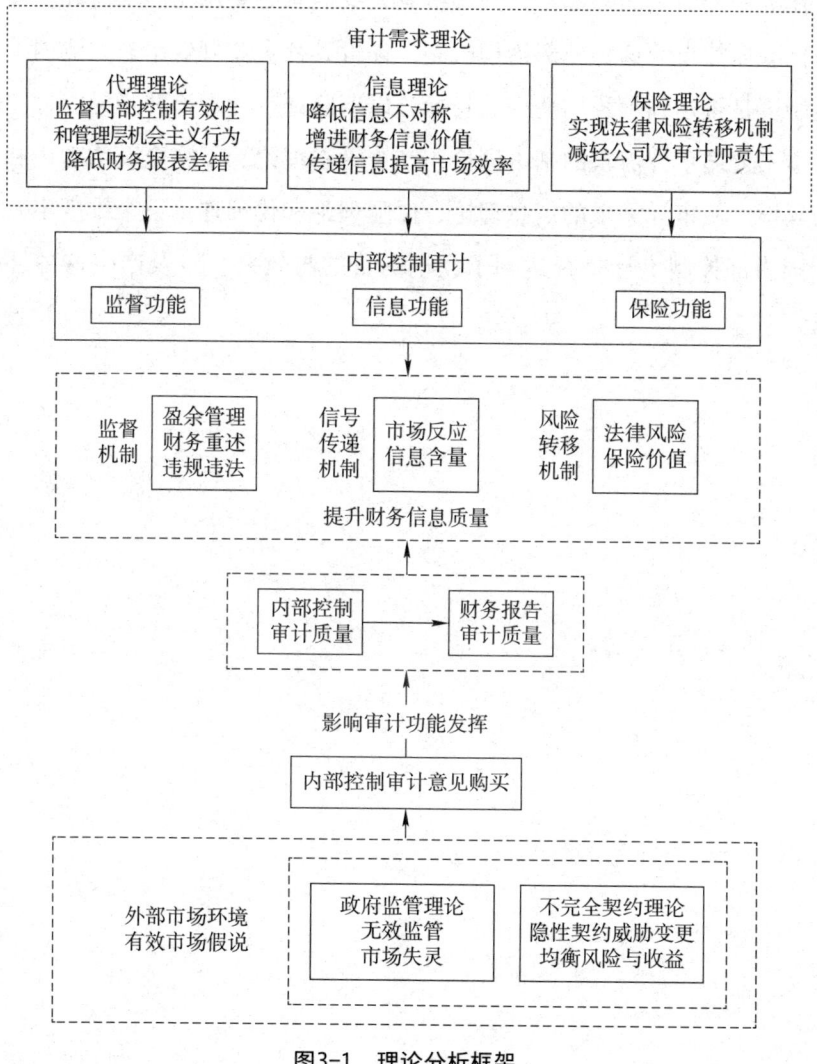

图3-1 理论分析框架

内部控制审计属于行为过程审计。相对于财务报告审计而言，内部控制审计的过程和结果信息披露有限。从市场中获取公司内部控制情况的数据同样会因为披露规则而受到限制。公司管理层与审计师基于各自的利益诉求，在审计行业专长受限、管理层机会主义行为和监管失效的情况下更容易实现审计合谋，达到内控审计意见购买的目的。

审计意见购买活动会导致内控审计质量受损而影响审计功能的发挥。因此，作为一种新兴的外部审计治理机制，我们有必要从功能实现和实施效果上去检验内控审计这种外部治理机制，评价其社会监管效率。评测内控审计这项制度是否达到了我们期许的目标，以期验证审计理论并指导审计实践活动。本书遵循审计需求的基本理论，结合管制理论、不完全契约理论和外部市场环境，从审计需求的信息理论、保险理论和代理理论三个维度出发，探究中国内部控制审计是否达到了预期的目的与效果，以及产生这种结果的原因。

4 内部控制审计与审计监督功能

4.1 研究背景

从审计需求的代理理论出发，审计的目的是降低委托代理关系中的代理成本，检验并监督受托经济责任。审计通过对代理人所提供的财务信息及其背后所隐藏的经济行为进行鉴证，可以发现和阻止代理人的机会主义行为。内部控制审计制度也是基于缓解委托人和受托人之间的信息不对称、降低代理成本产生的一项制度安排。通过内部控制审计可以评价公司内部控制环境，确定财务报告审计和控制测试的合理范围。通过内部控制审计可以检查公司内部控制缺陷，减少管理层舞弊的可能性。基本目标是提高委托人对财务报表的信赖程度，最终为检验受托经济责任的效率和效果服务。

公司有效的内部控制可以排除会计差错和管理层舞弊的或然性。内部控制审计通过对公司内部控制缺陷的排查和修正来改善公司内部控制系统，降低财务报告差错发生的可能。《企业内部控制审计指引》明确了审计师需要对公司内部控制进行评价，识别并报告公司的内部控制缺陷。内控审计报告要求审计师披露公司的内部控制重大缺陷[①]，而一般缺陷或重要缺陷仅要求审计师与公司管理层沟通，提醒企业加以改进。公司在内部控制评价报告中则需要披露一般缺陷、重要缺陷和重大缺陷，且需要将上述缺陷报告给内部控制审计师。在实施内部控制审计的公司中，内部控制审计师可以帮助投资者和股东更好地识别公司内部控制缺陷。对监管层而言，内部控制审计可以帮助

---

① 《企业内部控制审计指引》第三十条和第三十二条分别指出，注册会计师在审计过程中如发现财务报告和非财务报告内部控制重大缺陷，则应当对公司财务报告或非财务报告内部控制发表否定意见。

监管层了解公司内部控制状况，合理分配监管层的监管资源。近年来，从监管层披露的公司违规处罚信息来看，虚假记载、重大遗漏和披露不实这类与公司内部控制相关的违规类型占到了总违规处罚事件的67%以上。公司财务重述和违规违法行为属于公司内部控制缺陷造成的显性外在表现，而应计和真实盈余管理属于公司内部控制缺陷造成的隐形内在表现。我们通过检验实施内部控制审计和内部控制审计意见对两类现象产生的影响来检验内部控制审计的监督功能。因此，本章基于委托代理理论下审计的监督功能实现，来检验实施内部控制审计是否可以对公司会计差错、违规处罚起到监督作用。

4.2 理论分析与研究假设

委托代理理论是现代公司治理理论的起源。委托人和代理人在追求各自利益最大化的同时，两者之间又存在信息不对称的问题。对各自利益最大化的追求和信息不对称导致代理人可能出现机会主义行为。虽然股票期权等激励措施是为了解决公司的代理问题，是完善公司治理结构的重要途径（Smith and Watts, 1992; Murphy, 1999）；但同时股权激励也会诱导管理层的自利行为，管理层采取财务造假和虚假披露等违规违法行为损害股东的利益。

因此，必须引入相应的治理机制来进行制衡。公司有效的内部控制治理机制可以抑制管理层机会主义行为，预防会计差错和公司管理层舞弊行为的发生。内部控制审计就是基于审计需求的委托代理理论产生的一种制度安排。在内部控制审计的过程中，通过对公司内部控制状况的评价和内部控制缺陷的识别来减少公司发生会计差错和管理层违规违法行为，从而保证对管理层受托经济责任检验的真实可靠。从代理理论的视角，内部控制审计正是通过对公司内部控制的监督来实现提高公司财务报告质量的基本目标，从而保障投资人、股东和债权人的利益。审计师通过对公司内部控制有效性的评价和内控缺陷的识别来确定合理的审计范围及审计风险。因此，内部控制审计的监督功能是通过对公司内部控制有效性的评价和内部控制缺陷的识别来完成的。

《企业内部控制审计指引》明确了审计师需要对公司内部控制进行评价。内控审计报告要求审计师披露公司的内部控制重大缺陷，而一般缺陷或重要缺陷仅要求审计师与公司管理层沟通，提醒企业进行改进，通过对公司内部控制有效性的评价出具合理保证的内部控制审计意见。内部控制审计对公司内部控制有效性的评价和内部控制缺陷的排查可以保障公司内部控制制度的合理性和执行的有效性，是公司财务报告系统的可靠保障。公司可靠的财务报告系统又可以减少会计差错和管理层舞弊行为的发生。综上可知，实施内部控制审计可以对公司内部控制有效运行起到监督作用。

我们通过检验实施内部控制审计和内部控制审计意见对公司内部控制缺陷显性和隐形表现的影响来检验内部控制审计的监督功能。为了检验在中国实施的内部控制审计是否能实现其监督功能，我们采用与公司内部控制缺陷相关的财务重述、监管处罚和盈余管理来进行检验。公司财务重述和违规违法行为属于因公司内部控制缺陷造成的显性外在表现，而应计和真实盈余管理属于因公司内部控制缺陷造成的隐形内在表现。

内部控制缺陷与财务报表重述之间存在一定的因果关系。SEC（2007）的解释公告和PCAOB（2007）的审计准则都将财务报表重述作为财务报告内部控制缺陷的一个重要信号，我国2010年颁布的《企业内部控制审计指引》也明确地指出了"企业更正已经公布的财务报表"表明公司内部控制可能存在重大缺陷的迹象。财务重述是上市公司修正前期财务报告以反映这些报告中的差错被更正的过程（Skinner，1997；Palmrose，2004）。Beneish（1999）认为管理层的自利动机会促使其采取激进的会计政策从而引发公司的财务重述。管理层出于主观动机利用公司内部控制缺陷会造成公司原报表信息的不真实，向市场股东、投资人传递虚假信息，达到目的后再通过财务重述纠正错报。曹强（2010）认为公司内部控制缺陷是财务重述产生的最主要原因。郑伟等（2015）通过研究2012—2013年A股主板上市公司数据发现，内部控制审计费用越高，上市公司发生财务重述的可能性越低。高芳（2016）认为管理者代理问题与财务重述正相关，法律环境和媒体监督对管理者代理问题具有治理效应，而内部控制审计制度设计就是通过对公司内部控制缺陷的识别纠正对公司内部控制发挥监督治理的作用。因此，结合以上分析，我们认为内部控制审计可以发挥监督治理功能减少公司内控缺陷带来的会计差错，从而减少公司财务报告重述现象。据此，我们提出假设4-1a。

假设4-1a：与未实施内控审计的公司相比，实施内部控制审计可以减少会计差错，从而降低公司财务报告重述情况的发生。

在实施内部控制审计的公司中，当内控审计师发现公司存在内部控制重大缺陷并以此为依据出具了非标准内控审计意见时，公司基于市场融资和监管压力，会督促公司改进内部控制，主动修复公司存在的内部控制缺陷。因此，下一年度的内部控制有效性得到改进。因此，我们提出假设4-1b。

假设4-1b：当年公司被出具非标内控审计意见后，下一年度公司会完善内部控制，从而降低公司财务报告重述情况的发生。

内部控制有效性的缺失会引起公司违规违法行为的发生，有效的内部控制可以合理保证公司对法律法规的遵守。国外文献表明，完善的内部控制可以有效抑制公司的违规行为（Ashbaugh et al., 2007；Chan et al., 2008；Altamuro and Beatty, 2010；Doyle and McVayse, 2007；Easley, 1996）。在国内关于A股市场的文献中也发现，存在内部控制缺陷的公司更有可能发生违规违法行为（陈汉文，2008；杨有红，2009；单华军，2010；周继军等，2011）。监管部门对公司违规违法行为的处罚，也反映了公司内部控制薄弱，存在内部控制缺陷的问题。我们认为，内部控制审计可以发挥监督治理功能减少公司内控缺陷带来的违规违法行为，从而降低监管层对公司违规违法行为处罚的可能。据此，我们提出假设4-2a。

假设4-2a：与未实施内控审计的公司相比，实施内部控制审计可以减少公司违规违法行为的发生，从而降低被监管层处罚的可能。

在实施内部控制审计的公司中，当内控审计师识别公司存在内部控制重大缺陷并出具非标准内控审计意见时，非标准内控审计意见会督促公司改进内部控制，主动配合修复公司存在的内部控制缺陷，因此公司下一年度的违规违法行为会减少。因此，我们提出假设4-2b。

假设4-2b：当年公司被出具非标内控审计意见后，下一年度公司会完善内部控制，减少公司违规违法行为的发生，从而降低被监管层处罚的可能。

内部控制制度是缓解公司代理冲突的有效内部治理机制，可以有效防范舞弊行为的发生。国外文献表明，内部控制越差的公司往往会出现通过盈余管理手段使应计项目发生估计上的错误，而良好的内部控制可以有效抑制管理层应计盈余管理行为（Doyle et al., 2007；Ashbaugh et al., 2008；Brown et al., 2008；Chan et al., 2008）。内部控制存在缺陷的公司，应计项人为操纵的可能性更高。内部控制存在重大缺陷的公司其信息不确定性更高，更易于出现错误或舞弊行为，财务报告质量更差。国内文献也表明，严格的内部控制制度可以有效保证财务报告的可靠性、提高公司会计信息质量（董望等，2011；方红星，2011），而内部控制存在缺陷的公司盈余管理程度更高，财务报告质量较差（吴勇等，2018）。舞弊三角形理论指出舞弊行为产生的原因是由动机、机会和借口三要素合力产生（Albrecht, 1995）。管理层基于股东业绩压力的动机操控盈余，通过粉饰报表获得收益，而存在内部控制缺陷的公司则会给盈余管理行为带来机会。管理层也容易在控制环境差的公司中找到进行盈余操纵的借口。我们认为，内部控制审计可以发挥监督治理功能减少公司因内控缺陷带来的公司舞弊行为，从而降低公司管理层的盈余管理行为。据此，我们提出假设4-3a。

假设4-3a：与未实施内控审计的公司相比，实施内部控制审计可以减少公司舞弊行为完善内部控制，从而降低公司的应计盈余管理行为。

在实施内部控制审计的公司中，当内控审计师识别公司存在内部控制重大缺陷并出具非标准内控审计意见，此时非标准内控审计意见会督促公司改进内部控制，主动配合修复公司存在的内部控制缺陷。因此，我们提出假设4-3b。

假设4-3b：当年公司被出具非标内控审计意见后，下一年度公司会完善内部控制，从而降低公司的应计盈余管理行为。

因为SOX法案的实施也使公司从应计盈余管理转向真实盈余管理（Cohen et al., 2008），内部控制完善、披露水平高的公司真实盈余管理程度更低（程小可，2013）。因此，我们将研究扩展到真实盈余管理范围，提出假设4-4a和假设4-4b。

假设4-4a：与未实施内控审计的公司相比，实施内部控制审计可以减少公司舞弊行为完善内部控制，从而降低公司的真实盈余管理行为。

假设4-4b：当年公司被出具非标内控审计意见后，下一年度公司会完善内部控制，从而降低公司的真实盈余管理行为。

4.3 研究设计

综合上文理论基础和研究假说，构建实证模型，并对回归结果进行分析和检验。

4.3.1 实证模型

（1）内部控制审计监督功能对财务报告重述的影响

采用Logistic回归模型，以检验实施内部控制审计对财务报告重述的影响。针对假设4-1a和假设4-1b的回归模型如下：

$$MIS = \beta_0 + \beta_1 ICAUDIT + \beta_2 GROWTH + \beta_3 SIZE + \beta_4 LEV + \beta_5 AGE + \beta_6 ROA + \beta_7 INDEPcommit + \beta_8 CEOduality + \beta_9 SIZEcommit + \beta_{10} BIG4 + \beta_{11} OneshareHold + \sum Year + \sum Industry + \varepsilon_i$$

（4-1a）

$$MIS_t = \beta_0 + \beta_1 ICAuditOpin_{t-1} + \beta_2 GROWTH_t + \beta_3 SIZE_t + \beta_4 LEV_t + \beta_5 AGE_t + \beta_6 ROA_t + \beta_7 INDEPcommit_t + \beta_8 CEOduality_t + \beta_9 SIZEcommit_t + \beta_{10} BIG4_t + \beta_{11} OneshareHold_t + \sum Year + \sum Industry + \varepsilon_i$$

（4-1b）

其中，MIS为公司发生财务重述的情况，当年发生财务重述为1，否则为0。$ICAUDIT$为实施内部控制审计，当年实施内部控制审计取1，未实施取0。$ICAuditOpin_{t-1}$为上一年度的内部控制审计意见，被出具非标准内控审计意见为1，反之为0。为了控制公司的盈利能力以及成长情况，本书控制了资产回报率（ROA）以及销售收入增长率（$GROWTH$），还控制了公司资产规模（$SIZE$）和资产负债率（LEV），以及公司治理特征因素、独立董事比例、是否两职合一、董事会规模和公司产权性质（$STATE$）。具体变量情况见表4-1。

（2）内部控制审计监督功能对公司违规违法行为的影响

采用Logistic回归模型，以检验实施内部控制审计对公司违规违法行为的影响。针对假设4-2a和假设4-2b的回归模型如下：

$$PENAL = \beta_0 + \beta_1 ICAUDIT + \beta_2 GROWTH + \beta_3 SIZE + \beta_4 LEV + \beta_5 AGE + \beta_6 ROA \\ + \beta_7 INDEPcommit + \beta_8 CEOduality + \beta_9 SIZEcommit + \beta_{10} BIG4 \\ + \beta_{11} OneshareHold + \sum Year + \sum Industry + \varepsilon_i$$

（4-2a）

$$PENAL_t = \beta_0 + \beta_1 ICAuditOpin_{t-1} + \beta_2 GROWTH_t + \beta_3 SIZE_t + \beta_4 LEV_t + \beta_5 AGE_t + \beta_6 ROA_t \\ + \beta_7 INDEPcommit_t + \beta_8 CEOduality_t + \beta_9 SIZEcommit_t + \beta_{10} BIG4_t \\ + \beta_{11} OneshareHold_t + \sum Year + \sum Industry + \varepsilon_t$$

（4-2b）

其中，$PENAL$ 为是否受到监管层处罚，当年受到处罚取1，否则为0。$ICAUDIT$ 为实施内部控制审计，当年实施内部控制审计取1，未实施取0。检验还加入了其他可能影响公司违规的因素，包括盈利水平、公司规模、资产负债率、第一大股东持股比例以及终极控制人的类型作为控制变量。具体变量定义见表4-1。

表4-1 变量定义

变量类型	符号	变量名称	变量界定
因变量	DA	应计盈余	Jones模型计算，取绝对值
	REM	真实盈余	根据Roychowdhry（2006）模型估计异常成本、费用和现金流计算，取绝对值
	MIS	财务重述	当年发生过年度财务报告重为1，其余为0
	$PANEL$	行政处罚	当年被监管层处罚为1，其余为0
自变量	$ICAUDIT$	实施内部控制审计	当年实施内部控制审计为1，其余为0
	$ICAuditOpin_{t-1}$	上期内部控制审计意见	上期出具非标准内控审计意见为1，反之为0
控制变量	$SIZE$	公司规模	期末总资产的自然对数
	LEV	财务杠杆	长期负债÷总资产
	$GROWTH$	销售增长率	（本期销售收入−上期销售收入）÷上期销售收入
	$LIQUID$	流动比率	流动资产÷流动负债
	$CFLOW$	现金流量	第i期经营活动现金流量净额÷总资产

续表

变量类型	符号	变量名称	变量界定
控制变量	ROA	资产收益率	第i期期末营业利润÷期末总资产
	MB	市账比	公司市值与账面价值比例
	AGE	公司年龄	公司成立时间（以年计算）取对数
	$Inverntorasset$	存货占比	年末存货余额÷资产总额
	$Accounttasset$	应收占比	年末应收账款净额÷资产总额
	$CEOduality$	两职合一	若董事长与总经理为同一人担当取1，否则为0
	$INDEPcommit$	独立董事占比	公司独立董事人数÷公司董事总人数
	$SIZEcommit$	董事会规模	董事人数取对数
	MW	内部控制缺陷	当年被处罚、被出具非标内控审计意见，与内控有关的财务报告重述为1，其余为0
	$DEFICI$	公司内部控制缺陷披露	公司披露内部控制缺陷为1，反之为0
	$ICcost$	公司内部控制审计费用披露	公司披露内部控制审计费用为1，反之为0
	$STATE$	公司性质	如果公司最终控制人为国企取值为1，否则为0

（3）内部控制审计监督功能对公司盈余管理的影响

参考Barth等（2008）和Cohen等（2008）的模型，以检验实施内部控制审计对公司应计和真实盈余管理的监督作用。针对假设4-3a、假设4-3b和假设4-4a、假设4-4b的OLS回归模型如下：

$$ABSDA = \beta_0 + \beta_1 ICAUDIT + \beta_2 GROWTH + \beta_3 SIZE + \beta_4 LEV + \beta_5 AGE + \beta_6 ROA + \beta_7 INDEPcommit + \beta_8 CEOduality + \beta_9 SIZEcommit + \beta_{10} BIG4 + \beta_{11} OneshareHold + \beta_{12} LOSS + \sum Year + \sum Industry + \varepsilon_i$$

（4-3a）

$$ABSDA_t = \beta_0 + \beta_1 ICAuditOpin_{t-1} + \beta_2 GROWTH_t + \beta_3 SIZE_t + \beta_4 LEV_t + \beta_5 AGE_t + \beta_6 ROA_t + \beta_7 INDEPcommit_t + \beta_8 CEOduality_t + \beta_9 SIZEcommit_t + \beta_{10} BIG4_t + \beta_{11} OneshareHold_t + \beta_{12} LOSS_t + \sum Year + \sum Industry + \varepsilon_i$$

（4-3b）

$$REM = \beta_0 + \beta_1 ICAUDIT + \beta_2 GROWTH + \beta_3 SIZE + \beta_4 LEV + \beta_5 AGE + \beta_6 ROA + \beta_7 INDEPcommit + \beta_8 CEOduality + \beta_9 SIZEcommit + \beta_{10} BIG4 + \beta_{11} OneshareHold + \beta_{12} LOSS + \sum Year + \sum Industry + \varepsilon_i$$

（4-4a）

$$REM_t = \beta_0 + \beta_1 ICAuditOpin_{t-1} + \beta_2 GROWTH_t + \beta_3 SIZE_t + \beta_4 LEV_t + \beta_5 AGE_t + \beta_6 ROA_t$$
$$+ \beta_7 INDEPcommit_t + \beta_8 CEOduality_t + \beta_9 SIZEcommit_t + \beta_{10} BIG4_t$$
$$+ \beta_{11} OneshareHold_t + \beta_{12} LOSS + \sum Year + \sum Industry + \varepsilon_i$$

（4-4b）

① ABSDA 为应计盈余管理，采用修正的琼斯模型，通过模型（4-5）进行计算。

$$\frac{TA_{t,1}}{TA_{i,t-1}} = \beta_0 \frac{1}{A_{i,t-1}} + \beta_1 \frac{\Delta REV_{i,t} - \Delta REC_{i,t}}{A_{i,t-1}} + \beta_2 \frac{PPE_{i,t}}{A_{i,t-1}} + \varepsilon_i \quad （4-5）$$

其中，t 表示财务年度；i 表示第 i 家公司；$TA_{i,t}$ 表示总应计利润，等于营业利润减去经营活动现金流量净额；$A_{i,t}$ 为资产总额；$\Delta REV_{i,t}$ 为公司 i 第 t 年的营业收入增加额；$\Delta REC_{i,t}$ 为公司 i 第 t 年的应收账款增加额；$PPE_{i,t}$ 为公司 i 在第 t 年的固定资产。使用模型（4-5）所估计的系数计算年度公司的不可操控应计额 NA，最后根据应计总额和不可操控应计额计算可操控性应计额 DA。

$$DA_{it} = \frac{TA_{it}}{A_{i,t-1}} - NA_{it} \quad （4-6）$$

最后，将可操控应计 DA 取绝对值，计算 $ABSDA$。

② REM 为真实盈余管理，根据 Roychowdhury（2006）的模型计算经营活动现金流（CFO）、正常生产成本（PROD）和正常费用（DISEXP），再将实际值与估计值的差额记为异常值，算出异常经营活动现金流（abCFO）、异常费用（abDISEXP）和异常产品成本（abPROD）。参考王福胜（2014）的方法，通过模型（4-7）计算得出真实盈余管理程度（REM）。

$$REM_t = abPROD_t - abCFO_t - abDISEXP_t \quad （4-7）$$

4.3.2　变量定义

（1）因变量：财务重述、公司违规和应计、真实盈余管理

因变量包括财务重述、公司违规和应计、真实盈余管理。财务重述包含公司年报和审计报告的重述统计信息。公司违规包含了上海证券交易所、深圳证券交易所、中国证监会和地方证监局发布的上市公司违规处罚信息。通过修正的 Jones 模型估计操纵性应计利润来度量应计项盈余管理，详见模型

（4-5）。利用Roychowdhury（2006）的模型计算异常产品成本、异常产品费用，此外公司利用真实活动进行盈余管理时，除了有更高的异常成本和酌量性费用以外，还会有更低的异常经营现金流量。因此，再将异常的经营活动现金净流量考虑进去，具体模型见模型（4-7）。

（2）自变量：实施内部控制审计

为了检验内部控制审计对公司内部控制的监督功能，即实施内部控制审计对公司财务重述、公司违规处罚和盈余管理的影响，自变量为是否实施内部控制审计。

（3）控制变量

① 控制公司规模、业绩和财务状况：$SIZE$表示公司资产总额。ROA表示公司的总资产净利率，为净利润与平均资产总额之比，该指标越大说明上市公司资产利用效率越高，管理层会计操纵的动机越小。LEV表示公司的资产负债率，反映了上市公司的财务杠杆。一般情况下，上市公司的资产负债率越高，管理层的偿债压力越大，融资约束越大，为了进一步缓解融资压力，获得资金支持，资产负债率越高，管理层会计操纵动机越大。$GROWTH$为销售增长率，反映公司成长性。

② 控制公司治理因素：独立董事比例，即独立董事在董事会中所占比重。两职合一，即董事长和总经理是否为一人。审计委员会规模，即审计委员会成员人数。

③ 控制公司特征。产权属性，即国有控股还是其他控股。控股股东持股，即第一股东持股比例测算。管理者持股，以高管是否持股来衡量。

表4-1列举了本章分析中用到的相关变量的定义及其说明。

4.3.3 数据来源

① 中国内部控制审计是从2010年开始在上市公司中自愿实施的，自2012年起财政部、证监会开始陆续强制国有控股企业和非国有控股企业实施内部控制审计。本书的研究样本来自2011—2018年沪深两市的A股上市公司。以自2011年起进行内部控制审计的公司为研究样本，对研究样本进行了如下

处理；剔除了金融保险行业的上市公司；剔除了当年 IPO 或 ST 的上市公司；剔除了创业板上市公司；对于连续变量在1%以下和99%以上的样本进行了 Winsorize 处理。本书的财务、内部控制审计意见、审计师等方面的数据来自 CSMAR 数据库和迪博数据库，其他相关数据的补充来自巨潮资讯网站，总体样本个数为16840个，其中实施内控审计的公司数为12701个。

② 因为内部控制审计是监管层推进实施的，上市公司实施内部控制审计存在自选择问题。由于公司自身的差异会对检验结果造成影响，在这种情况下直接采用OLS进行回归结果存在偏差。因此，为了避免自选择和内生性差异的问题我们使用PSM配对检验方法来构建模型进行验证，尽可能避免样本选择性偏差。倾向得分匹配估计样本为2011—2018年变量数据未缺失的所有A股上市公司，数据为非平衡面板数据，采用Logit回归方法，估计出来的因变量预测值即为倾向得分①。针对没有实施内部控制审计的公司，在同一年份同一行业寻找倾向得分最接近的公司作为配对公司，采用最近邻原则进行无放回1∶1匹配。处理组样本为3642个，匹配质量统计检验如表4-2所示②。可以发现经过平衡性分析，实施内控审计的公司和未实施内控审计的公司样本偏差程度大幅降低。所有模型统计检验均使用STATA 15.0软件完成。

表4-2　PSM匹配质量

变量	样本	未实施ICA组均值	实施ICA组均值	偏差减低比率/%
AGE	未匹配	2.5682	2.7122	
	匹配上	2.5682	2.5874	91.9
SIZE	未匹配	2.4404	2.4097	
	匹配上	2.4404	2.4392	96.1
LEV	未匹配	0.3894	0.4401	
	匹配上	0.3894	0.3854	92.6
GROWTH	未匹配	0.2326	0.1894	
	匹配上	0.2316	0.2360	92.2

① 因为我们采用多个维度来度量审计质量，因此在PSM配对中使用内控缺陷（MW）作为全局变量进行配对。

② 考虑到偏差降低度的因素，平衡性分析未纳入偏差降低度小于40%的变量。

续表

变量	样本	未实施ICA组均值	实施ICA组均值	偏差减低比率/%
ROA	未匹配	0.0558	0.0546	
	匹配上	0.0558	0.0579	70.8
CEOduality	未匹配	0.3076	0.2393	
	匹配上	0.3065	0.3019	85.7
SIZEcommit	未匹配	2.1194	2.1230	
	匹配上	2.1194	2.1184	91.5
INDEPcommit	未匹配	0.3735	0.3747	
	匹配上	0.3735	0.3737	64.1

4.4 实证结果与分析

4.4.1 描述性统计

表4-3至表4-6分别为总样本描述性统计、PSM配对后混合样本描述性统计和处理组及控制组样本描述性统计结果。由基于各样本区间的描述性统计结果可知，当前阶段实施内控审计公司占比达75.5%。总体样本总资产均值高于混合样本，说明内控审计在大型企业中得到更为广泛的实施。总体样本操控性应计均值低于混合样本，处理组均值高于控制组，说明未实施内控审计的公司进行了更多的应计盈余管理行为。此外，总体样本组的内控缺陷披露比率也低于混合样本，说明实施内控审计后公司主动披露了更多的内控缺陷。本章配对后样本各变量相关系数表见附录A。

表4-3 总样本描述性统计

变量	N	mean	sd	p25	p50	p75
DA	16855	0.0592	0.0634	0.0182	0.0403	0.0757
AbsREM	16855	0.140	0.146	0.0430	0.0943	0.182
Restatement	16855	0.210	0.407	0	0	0
PANELTY	16855	0.190	0.392	0	0	0
ICaudit	16855	0.755	0.451	0	1	1

续表

变量	N	mean	sd	p25	p50	p75
MW	16855	0.213	0.410	0	0	0
DEFICI	16855	0.253	0.435	0	0	1
AUChange	16855	0.197	0.398	0	0	0
GROWTH	16855	0.197	0.480	−0.0231	0.112	0.281
STATE	16855	0.384	0.486	0	0	1
LogAGE	16855	2.637	0.494	2.303	2.639	3.091
LEV	16855	0.432	0.213	0.258	0.425	0.595
LOSS	16855	0.0891	0.285	0	0	0
SIZE	16855	22.12	1.273	21.20	21.94	22.85
CEOduality	16855	0.256	0.436	0	0	1
Onesharehold	16855	0.351	0.151	0.232	0.331	0.452
INDEPcommit	16855	0.374	0.0532	0.333	0.333	0.429
SIZEcommit	16855	2.142	0.199	1.946	2.197	2.197
CFLOW	16855	0.0391	0.0713	0.0008	0.0391	0.0812
ROA	16855	0.0536	0.0541	0.0274	0.0499	0.0794
FRAuditOpin	16855	0.0285	0.166	0	0	0

表4-4 PSM配对后混合样本描述性统计

变量	N	mean	sd	p25	p50	p75
DA	7284	0.0623	0.0673	0.0195	0.0423	0.0792
REM	7284	0.144	0.150	0.0442	0.0976	0.187
Restatement	7284	0.199	0.399	0	0	0
PANELTY	7284	0.210	0.407	0	0	0
ICaudit	7284	0.534	0.499	0	1	1
MW	7284	0.165	0.372	0	0	0
DEFICI	7284	0.206	0.405	0	0	0
AUChange	7284	0.229	0.420	0	0	0
GROWTH	7284	0.207	0.565	−0.0288	0.107	0.264
STATE	7284	0.359	0.480	0	0	1
LogAGE	7284	2.694	0.451	2.303	2.773	3.091
LEV	7284	0.431	0.207	0.264	0.427	0.588

续表

变量	N	mean	sd	p25	p50	p75
LOSS	7284	0.0978	0.297	0	0	0
SIZE	7284	21.89	1.084	21.14	21.79	22.53
CEOduality	7284	0.263	0.441	0	0	1
Oneshareold	7284	0.348	0.150	0.226	0.329	0.449
INDEPcommit	7284	0.372	0.0526	0.333	0.333	0.429
SIZEcommit	7284	2.141	0.191	1.946	2.197	2.197
CFLOW	7284	0.0408	0.0744	−0.0001	0.0400	0.0845
ROA	7284	0.0539	0.0575	0.0269	0.0500	0.0804
FRAuditOpin	7284	0.0316	0.175	0	0	0

表4-5 处理组样本描述性统计

变量	N	mean	sd	p25	p50	p75
DA	3642	0.0646	0.0682	0.0203	0.0449	0.0808
REM	3642	0.147	0.152	0.0463	0.0987	0.193
Restatement	3642	0.207	0.405	0	0	0
PANELTY	3642	0.219	0.413	0	0	0
MW	3642	0	0	0	0	0
DEFICI	3642	0.105	0.306	0	0	0
AUChange	3642	0.208	0.406	0	0	0
GROWTH	3642	0.208	0.560	−0.0285	0.109	0.264
STATE	3642	0.261	0.439	0	0	1
LogAGE	3642	2.657	0.425	2.303	2.565	3.045
LEV	3642	0.432	0.206	0.264	0.428	0.589
LOSS	3642	0.0997	0.300	0	0	0
SIZE	3642	21.85	1.022	21.14	21.78	22.45
CEOduality	3642	0.262	0.440	0	0	1
Oneshareold	3642	0.340	0.151	0.221	0.317	0.440
INDEPcommit	3642	0.371	0.0513	0.333	0.333	0.429
SIZEcommit	3642	2.138	0.191	1.946	2.197	2.197
CFLOW	3642	0.0399	0.0759	−0.0007	0.0393	0.0850
ROA	3642	0.0544	0.0571	0.0271	0.0496	0.0796
FRAuditOpin	3642	0.0316	0.175	0	0	0

表4-6 控制组样本描述性统计

变量	N	mean	sd	p25	p50	p75
DA	3642	0.0604	0.0664	0.0185	0.0406	0.0773
REM	3642	0.142	0.149	0.0428	0.0964	0.183
Restatement	3642	0.192	0.394	0	0	0
PANELTY	3642	0.202	0.402	0	0	0
MW	3642	0.310	0.462	0	0	1
DEFICI	3642	0.295	0.456	0	0	1
AUChange	3642	0.246	0.431	0	0	0
GROWTH	3642	0.205	0.570	−0.0293	0.104	0.264
STATE	3642	0.444	0.497	0	0	1
AGE	3642	2.726	0.469	2.303	2.833	3.135
LEV	3642	0.430	0.207	0.263	0.426	0.585
LOSS	3642	0.0961	0.295	0	0	0
SIZE	3642	21.92	1.135	21.15	21.82	22.59
CEOduality	3642	0.265	0.441	0	0	1
Onesharehold	3642	0.354	0.149	0.232	0.340	0.458
INDEPcommit	3642	0.373	0.0538	0.333	0.333	0.429
SIZEcommit	3642	2.143	0.190	2.079	2.197	2.197
CFLOW	3642	0.0415	0.0732	0.0003	0.0408	0.0839
ROA	3642	0.0535	0.0578	0.0266	0.0503	0.0806
FRAuditOpin	3642	0.0316	0.175	0	0	0

4.4.2 多元回归结果分析

（1）基本回归结果

表4-7是模型（4-1a）、模型（4-2a）、模型（4-3a）和模型（4-4a）的固定效应回归结果。其中，PanelA是模型（4-1a）的回归结果，结果显示实施内部控制审计ICAUDIT的估计系数为−0.1182，在10%的水平上显著。此结果说明，实施内部控制审计减少了公司财务报告重述的发生，内部控制审计对公司内部控制起到了预期的监督作用。其他控制变量财务杠杆（LEV）、销售增长率（GROWTH）与财务报告重述（MIS）显著正相关。PanelB是模型（4-

2a）的回归结果，结果显示实施内控审计与公司违规处罚虽正相关但并不显著。此结果也说明，实施内部控制审计并没有减少公司的违规违法行为，内部控制审计对公司内部控制缺陷和舞弊行为没有起到应有的作用，监督功能并不显著。PanelC是模型（4-3a）的回归结果，结果显示实施内部控制审计 *ICAUDIT* 的估计系数为 -0.0046，且在1%的水平上显著。结果说明，实施内部控制审计可以抑制公司应计盈余管理行为，内部控制审计对公司内部控制起到了监督作用。PanelD是模型（4-4a）的回归结果，结果显示实施内部控制审计与公司真实盈余管理正相关但并不显著。以上结果表明，内部控制审计并不能减少公司的真实盈余管理活动。结果表明，假设4-1a和假设4-3a成立，但假设4-2a和假设4-4a不成立。这说明内部控制审计发挥了一定程度的监督作用。

表4-7 模型（4-1a）、模型（4-2a）、模型（4-3a）和模型（4-4a）回归结果

变量	PanelA	PanelB	PanelC	PanelD
	MIS	Panelty	DA	REM
ICAUDIT	-0.1182^*	0.056	-0.0046^{***}	-0.0009
	(-1.9136)	-0.9279	(-3.0064)	(-0.2630)
GROWTH	0.2598^{***}	0.1360^{**}	0.0277^{***}	0.0468^{***}
	(4.8538)	(2.4436)	(16.3294)	(12.836)
SIZE	-0.0446	-0.0246	-0.0054^{***}	-0.0102^{***}
	(-1.2297)	(-0.6950)	(-5.7590)	(-4.8583)
LEV	0.5884^{***}	0.8641^{***}	0.0278^{***}	0.0492^{***}
	(3.256)	(4.851)	(5.6884)	(4.4517)
ROA	-1.6483^{***}	-2.9269^{***}	-0.0125	0.6303^{***}
	(-3.0057)	(-5.3185)	(-0.7260)	-16.1772
INDEPcommit	0.0961	-0.6597	0.0029	0.0178
	(0.1382)	(-0.9698)	(0.1677)	(0.4476)
CEOduality	0.067	0.2128^{***}	-0.0001	0.0094^{**}
	(0.9656)	(3.1422)	(-0.0479)	(2.2929)
SIZEcommit	0.009	-0.4944^{**}	-0.0128^{**}	-0.0056
	(-0.0448)	(-2.5531)	(-2.5500)	(-0.4949)
AGE	0.0177	-0.2562^{***}	0.0012	0.0011
	(0.2244)	(-3.2123)	(0.6417)	(0.2265)

续表

变量	PanelA MIS	PanelB Panelty	PanelC DA	PanelD REM
BIG4	−0.2707 （−1.4041）	−0.3586* （−1.9083）	−0.0062 （−1.5367）	0.0007 −0.0703
OneshareHold	−0.5791*** （−2.6062）	−1.4537*** （−6.5776）	0.0073 （1.3453）	0.0378*** （3.0307）
LOSS			0.0209*** （6.5366）	0.0542*** （7.6244）
_cons	−0.6757 （−0.7508）	1.4852* （1.6808）	0.1805*** （7.9837）	0.2825*** （5.4576）
年度	Yes	Yes	Yes	Yes
行业	Yes	Yes	Yes	Yes
N	7284	7284	7284	7284
pseudo R^2/adj. R^2	0.039	0.049	0.134	0.151
Chi^2/F	279.79***	369.1***	31.02***	32.69***

注：PanelA、B括号内为Z值，PanelC、D括号内为T值。***表示在1%的水平上显著，**表示在5%的水平上显著，*表示在10%的水平上显著，下同。

表4-8是模型（4-1b）、模型（4-2b）、模型（4-3b）和模型（4-4b）的固定效应回归结果。PanelA是模型（4-1b）的回归结果，结果显示上期内部控制审计意见（$ICAuditOpin_{t-1}$）的估计系数与财务重述（MIS）在1%的水平上正相关。此结果说明上期被出具非标内控审计意见后本期仍有财务重述发生。PanelB是模型（4-2b）的回归结果，结果显示上期内部控制审计意见（$ICAuditOpin_{t-1}$）的估计系数与违规处罚（Panelty）在1%的水平上正相关，此结果说明上期被出具非标内控审计意见后本期仍有被处罚的可能。PanelC是模型（4-3b）的回归结果，结果显示上期内部控制审计意见（$ICAuditOpin_{t-1}$）的估计系数与应计盈余管理（DA）在1%的水平上正相关，此结果说明上期被出具非标内控审计意见后本期仍存在应计盈余管理。PanelD是模型（4-4b）的回归结果，结果显示实施内控审计与公司真实盈余管理正相关但并不显著。以上结果表明，上期被出具内控审计意见后公司内部控制缺陷并没有得到改进，公司内部控制缺陷导致的财务重述、违规处罚

和盈余管理仍会发生。此时内部控制审计意见的监督功能承担的是提示披露公司内部控制缺陷和可能的财务报表舞弊的作用。

表4-8 模型（4-1b）、模型（4-2b）、模型（4-3b）和模型（4-4b）回归结果

变量	PanelA MIS	PanelB Panelty	PanelC DA	PanelD REM
$ICAuditOpin_1$	0.4896*** (3.6765)	1.0014*** (7.9033)	0.0097*** (2.6622)	0.0112 (1.3519)
GROWTH	0.3312*** (5.9463)	0.1546** (2.5653)	0.0243*** (16.1549)	0.0501*** (14.6825)
SIZE	−0.0832*** (−2.8161)	−0.1490*** (−4.8555)	−0.0078*** (−11.3743)	−0.0135*** (−8.7269)
LEV	0.7490*** (4.1314)	0.8258*** (4.4609)	0.0319*** (7.4211)	0.0490*** (5.0041)
ROA	−2.1899*** (−3.8906)	−2.0925*** (−3.6408)	0.0048 (0.3039)	0.5202*** (14.2961)
INDEPcommit	−0.8929 (−1.3862)	−0.9982 (−1.4762)	−0.0011 (−0.0793)	0.0366 (1.1287)
CEOduality	0.1288* (1.6689)	0.1659** (2.1265)	0.0032* (1.8471)	0.0141*** (3.4917)
SIZEcommit	−0.0874 (−0.5007)	0.1051 (0.574)	−0.0073* (−1.8795)	−0.0128 (−1.4330)
AGE	0.1882** (2.4573)	−0.0869 (−1.1229)	0.0075*** (4.7397)	0.0001 (0.0334)
BIG4	−0.5585*** (−4.1295)	−0.4739*** (−3.2696)	−0.002 (−0.8215)	0.0092 (1.6251)
Onesharehold	−0.6720*** (−3.2060)	−1.2841*** (−5.8056)	0.0052 (1.1206)	0.0284*** (2.6804)
LOSS			0.0177*** (6.3183)	0.0364*** (5.6871)
_cons	0.6355 (0.8315)	1.6447** (2.0445)	0.1896*** (10.9146)	0.3776*** (9.4482)
年度	Yes	Yes	Yes	Yes
行业	Yes	Yes	Yes	Yes
N	8326	8326	8326	8326
pseudo R^2/adj. R^2	0.043	0.058	0.119	0.147
Chi^2/F	337.210***	436.234***	34.302***	43.269***

（2）进一步分析

表4-7的结果表明，公司实施内部控制审计可以降低公司的财务重述和应计盈余管理活动，实施内部控制审计可以对公司内部控制起到一定的监督作用。我们认为内部控制审计降低公司财务重述和应计盈余管理的作用，是通过规范公司内部控制并识别内部控制缺陷来实现的。因此，为了验证公司自身内部控制缺陷对内部控制审计的影响，我们构建模型（4-8）和模型（4-9）[在模型（4-1）和模型（4-3）中分别加入交乘项$ICAUDIT \times MW$]做进一步检验。

$$MIS_{i,t}=\beta_0+\beta_1 ICAUDIT_{i,t}+\beta_2 MW_{i,t}+\beta_2 MW_{i,t} \times ICAUDIT_{i,t}+Controls+\sum Year+\sum Industry+\alpha_{i,t}$$

（4-8）

$$DA_{i,t}=\beta_0+\beta_1 ICAUDIT_{i,t}+\beta_2 MW_{i,t}+\beta_2 MW_{i,t} \times ICAUDIT_{i,t}+Controls+\sum Year+\sum Industry+\alpha_{i,t}$$

（4-9）

表4-9中PanelA的结果显示$ICAUDIT \times MW$的系数为2.4147，在1%的水平上显著，表明内部控制审计在不同内部控制水平的公司中对财务重述的影响存在差异。存在内部控制缺陷、内部控制水平低的公司降低了内部控制审计对财务重述的抑制作用。同时也说明，内部控制审计的监督功能受公司内部控制缺陷的影响，存在内控缺陷的公司会抑制内控审计监督功能的发挥。PanelB的结果说明内控审计可有效监督公司应计盈余管理活动，且不受公司内控水平的影响。

表4-9 模型（4-8）和模型（4-9）回归结果

变量	PanelA	PanelB
	MIS	DA
ICAUDIT	−1.2875***	−0.0046***
	（−13.9525）	（−2.7066）
ICAUDIT × MW	2.4147***	−0.0001
	（23.5945）	（−0.0341）

续表

变量	PanelA	PanelB
	MIS	DA
GROWTH	0.2315***	0.0277***
	(4.067)	(16.3127)
SIZE	−0.0195	−0.0054***
	(−0.5051)	(−5.7571)
LEV	0.4576**	0.0278***
	(2.3855)	(5.6863)
ROA	−0.9016	−0.0125
	(−1.5706)	(−0.7264)
INDEPcommit	−0.0149	0.0029
	(−0.0203)	(0.168)
CEOduality	0.0406	−0.0001
	(0.5572)	(−0.0476)
SIZEcommit	0.0672	−0.0128**
	(0.3168)	(−2.5500)
FROPINION	0.2451	0.0305***
	(1.5801)	−6.2013
AGE	0.0064	0.0013
	(0.0759)	(0.6418)
FRBIG4	−0.1703	−0.0062
	(−0.8396)	(−1.5370)
Onesharehold	−0.3139	0.0073
	(−1.3485)	(1.3418)
LOSS		0.0209***
		(6.5291)
_cons	−1.2316	0.1806***
	(−1.2787)	(7.9818)
年度	Yes	Yes
行业	Yes	Yes
N	7284	7284
pseudo R^2/adj. R^2	0.13	0.134
Chi^2/F	937.97***	30.15***

注：PanelA括号内为Z值，PanelB括号内为T值。

4.5 拓展性检验

我们将检验样本扩充至全样本[①],利用模型(4-1a)、模型(4-2a)、模型(4-3a)和模型(4-4a)对总样本进行检验。表4-10中PanelA和PanelC的结果显示,公司实施内部控制审计与财务重述负相关,且在5%水平上统计显著。实施内部控制审计与应计盈余管理负相关,且在1%水平上统计显著。此结果说明公司实施内部控制审计可以降低公司发生财务重述和应计盈余管理的可能,同时也说明实施内部控制审计对公司内部控制起到了监督作用。而PanelB和PanelD的结果显示,实施内部控制审计与公司违规处罚和真实盈余管理并不相关。为了进一步分析在总样本中公司内部控制水平的差异对实施内部控制审计的影响,我们在模型(4-1a)和模型(4-3a)中加入交乘项$ICAUDIT \times MW$对内部控制审计的作用进行进一步检验。表4-11显示了加入交乘项后的检验结果,结果显示$ICAUDIT \times MW$与财务重述和公司应计盈余管理均显著正相关。此结果表明,存在内部控制缺陷、内部控制水平低的公司降低了内部控制审计对财务重述和公司应计盈余管理的抑制作用,也说明内部控制审计在有内部控制缺陷、内控水平低的公司难以起到其应有的监督作用。

表4-10 模型(4-1a)、模型(4-2a)、模型(4-3a)和模型(4-4a)全样本回归结果

变量	PanelA	PanelB	PanelC	PanelD
	MIS	Panelty	ABSDA	REM
ICAUDIT	−0.1127** (−2.1813)	0.0054 (0.1041)	−0.0038*** (−3.0284)	−0.002 (−0.6648)
GROWTH	0.2754*** (6.948)	0.1499*** (3.562)	0.0268*** (23.3899)	0.0489*** (−19.1481)
SIZE	−0.0694*** (−3.1045)	−0.0830*** (−3.6422)	−0.0065*** (−11.9527)	−0.0115*** (−9.2897)
LEV	0.6734*** (5.3191)	0.7968*** (6.2225)	0.0300*** (9.4553)	0.0470*** (6.415)

---

① 从总样本描述统计来看,样本公司规模、国有产权比例和公司年龄均高于PSM后的总样本。

续表

变量	PanelA MIS	PanelB Panelty	PanelC ABSDA	PanelD REM
ROA	−1.6446*** (−4.2115)	−2.6249*** (−6.5821)	0.0243** (2.1464)	0.6374*** (24.2276)
INDEPcommit	−0.4314 (−0.9404)	−0.8290* (−1.7694)	0.0004 (0.0406)	0.0406 (1.6314)
CEOduality	0.0545 (1.0966)	0.1812*** (3.6481)	0.0013 (1.0524)	0.0104*** (3.705)
SIZEcommit	−0.1237 (−0.9611)	−0.2532* (−1.9322)	−0.0099*** (−3.2806)	−0.0037 (−0.5274)
AGE	0.0222 (0.4596)	−0.0431 (−0.8498)	0.0025** (2.2653)	0.0019 (0.6602)
BIG4	−0.4929*** (−4.5249)	−0.4526*** (−4.0070)	−0.0043** (−2.0565)	0.0046 (0.9529)
Onesharehold	−0.5722*** (−3.9075)	−1.3335*** (−8.7856)	0.0044 (1.3012)	0.0284*** (3.5828)
LOSS			0.0222*** (10.4683)	0.0492*** (10.2393)
_cons	0.3458 (0.6301)	2.0557*** (3.6522)	0.1959*** (14.9789)	0.2992*** (9.7976)
年度	Yes	Yes	Yes	Yes
行业	Yes	Yes	Yes	Yes
N	16397	16397	16397	16397
pseudo R^2/adj. R^2	0.036	0.055	0.119	0.15
Chi^2/F	572.51***	852.18***	60.65***	73.2***

表4-11 交乘项回归检验结果

变量	PanelA MIS	PanelB DA
ICAUDIT	−1.1992*** (−19.4210)	−0.0053*** (−4.0368)
ICAUDIT × MW	2.3675*** (43.2378)	0.0050*** (3.8741)
GROWTH	0.2101*** (4.9105)	0.0266*** (23.176)

续表

变量	PanelA MIS	PanelB DA
SIZE	−0.0309 (−1.2593)	−0.0064*** (−11.7792)
LEV	0.4625*** (3.3727)	0.0295*** (9.2823)
ROA	−0.6503 (−1.5646)	0.0253** (2.2333)
INDEPcommit	−0.4303 (−0.8678)	0.0005 (0.0496)
CEOduality	0.0292 (0.5448)	0.0012 (1.0256)
SIZEcommit	−0.1155 (−0.8259)	−0.0099*** (−3.2735)
AGE	0.0263 (0.5013)	0.0025** (2.2694)
Onesharehold	−0.1983 (−1.2577)	0.0052 (1.5145)
LOSS		0.0218*** (10.2901)
_cons	−0.7372 (−1.2248)	0.1935*** (14.7835)
年度	Yes	Yes
行业	Yes	Yes
N	16397	15466
pseudo R^2/adj. R^2	0.169	0.12
Chi^2/F	2674.64***	59.43***

注：PanelA括号内为Z值，PanelB括号内为T值。

4.6 本章小结

本章研究为全书主体检验章节之一。以2011—2018年A股上市公司数据为样本，检验了内部控制审计监督功能实现的问题。在检验内控审计监督功能实现的代理变量选择上，本章采用财务报告重述、公司违规处罚和应计、真实盈余管理四类变量,来衡量内部控制审计是否可以起到监督作用。通过PSM配对检验后发现,与未实施内控审计的公司相比,实施内部控制审计可以抑制公司财务重述和应计盈余管理行为,起到了一定的审计监督作用,但对公司违规处罚和真实盈余管理并不能起到预期的作用。非标内控审计意见可以揭示公司未来可能出现的财务重述、违规处罚和应计盈余管理行为,此时内部控制审计意见的监督功能承担的是揭示公司内部控制缺陷和可能的财务报表舞弊的作用。

进一步研究发现,实施内控审计对应计盈余质量的作用在不同内控水平的公司中存在差异。存在内部控制缺陷的公司会降低内控审计对应计盈余质量的积极作用。拓展性检验也证实了公司固有内控缺陷会降低内控审计对财务重述和应计盈余质量的影响。我们的研究基于内部控制审计可以改进公司内部控制流程,识别修复内部控制缺陷实现提高财务信息质量,最终实现其监督功能的假设路径。检验的结果表明,实施内控审计对公司财务信息质量和管理层机会主义行为起到了一定程度的监督作用,但并不能有效监督公司违反法律法规的行为;内控审计对公司管理层的盈余操纵行为转为更加隐蔽的真实盈余管理并未起到监督作用,且由于公司固有缺陷的存在会降低内控审计监督功能作用的发挥。而非标内部控制审计意见可揭示公司未来发生财务重述、违规违法和应计盈余管理的行为,但并不能促进公司修正内部控制缺陷,说明公司短期难以纠正自身的内控缺陷。

内部控制审计作为一种外部治理机制旨在规范公司内部控制,减少内部控制缺陷和管理层舞弊行为,并提高公司财务报告系统质量。高质量的财务报告系统可以提供可令人信赖的财务信息,从而使审计质量得到提升。本章研究表明,内控审计具有一定程度的监督功能,实施内控审计可以抑制财务重述和应计盈余管理行为的发生,但对公司违规处罚和真实盈余管理行为并没有起到有效的监督。目前的非标内控意见可以揭示公司未来因内控缺陷引起的舞弊和违规违法行为,但不能促使公司修正内部控制缺陷。因此,监管层应进一步扩大实施内部控制审计的范围,并对被出具非标内控审计意见的公司采取有效的监管措施。

5 内部控制审计与审计信息功能

5.1 研究背景

从审计需求的信息理论出发,审计具有通过信号传递有效配置资源、提高市场效率的作用。审计的本质功能是提高财务信息的可信性和增强财务信息价值,对投资者具有价值发现和决策有用的价值。自2010年中国逐步实施内部控制审计以来,上市公司除了需要进行年度财务报告审计以外,还需要进行内部控制审计,且中国的内部控制审计要求出具独立的审计报告和对应的内部控制审计意见。2011—2018年,实施内控审计的公司中共有610家公司收到了非标准内控审计意见,其中有286家公司同时收到了非标财务报告审计意见,有263家公司收到了非标财务报告审计意见和标准内部控制审计意见。文献表明,当公司收到非标财务报告审计意见时,市场能够做出显著的负向反应(Chen et al., 2000;李增泉,1999)。吴溪等(2016)利用2011—2013年的A股数据研究发现,A股市场对收到非标准内控审计意见公司的市场反应并不充分。我们认为,如今实施内部控制审计的公司已经从最初的国有控股公司扩展到了A股市场上的大部分公司。非标准内控审计意见的数量和比例均超过了财务报告审计意见。对于普通投资者而言,内部控制审计的结果更具有不可预见性。因此,为了验证内部控制审计的信息功能,我们需要去检验内部控制审计意见是否具有信息含量,以及内部控制审计意见的信号作用及市场反应。此外,我们还需要检验公司财务报告审计意见和内部控制审计意见信号作用的差异及其影响。

5.2 理论分析与文献回顾

信息是经济决策中的关键因素。审计需求的信息理论认为，审计不但能提高财务信息的可信性而且可以增进财务信息价值。从审计市场中观层面出发，信息理论又可分为信号传递理论和信息系统理论。审计信号理论对应的是市场中信息不对称的存在，而需要将公司信息传递给利益相关者以缓解信息不对称的问题。公司基于融资需求的压力，需要向市场传递有利信息以获得竞争优势。通过定期公布审计报告向市场传递有关公司状态的信息，从而缓解市场中的逆向选择问题。审计信息系统理论则认为审计的目的在于增进财务信息的决策有用性及可信程度。同时，审计信息具有公共物品的属性，市场要对信息商品的供应和质量进行有效的管制。

内部控制审计对公司内部控制的评价和相应的内控审计意见反映了公司的内部控制水平。国外研究表明，内部控制水平差的公司规模相对较小，成立时间较短且面临更高的破产风险（Skaife et al., 2007; Doyle et al., 2007），其盈余质量更差（Doyle et al., 2007b; Skarfe et al., 2008）。公司主动或被动利用内部控制审计这项制度来向市场传递自身良好内部控制的信息来满足自身的融资需求，同时普通投资者在决策中也会将公司内部控制水平作为一项重要的投资参考指标。Skarfe 等（2009）发现非标内控审计意见伴随着显著的负面市场反应。也有研究认为，非标内控审计意见向市场传递了公司内部控制改进和内控审计独立性的积极信号，因此非标内控审计意见的市场反应并不必然为负（DeFond and Zhang, 2014）。Beneish 等（2008）发现股票价格与内控重大缺陷披露之间并无显著相关关系。张继勋等（2011）通过实验研究发现，内控审计意见的不同类型会影响投资者对财务报表重大错报风险的感知及其投资可能性。张继勋和何亚南（2013）的实验证据表明，如果公司内控审计收到了否定意见，则减弱了个体投资者对公司标准财务报告审计意见的信心。吴溪等（2016）通过2011—2013年的数据研究发现，在审计公告日附近，内控审计意见并没有与财报审计意见相同的负向市场反应。因此现有文献中关于投资者对非标内控审计意见市场反应的研究缺乏一致的结论，内控审计的信息功能也没有被充分揭示。

5.3 研究假设

根据文献内容，我们得知目前对非标内控审计意见市场反应的研究缺乏一致的结论，特别是对非标内控审计意见传递给投资者怎样的信息尚未达成定论。然而，本书第4章关于非标内控审计意见监督功能的检验发现，上一期非标内控审计意见与本期财务重述、违规处罚和应计盈余管理显著正相关；即非标准内部控制审计意见具有为市场投资者揭示公司未来发生重大错报和舞弊的功能。理性投资者在收到非标内控审计意见的风险提示后会做出合理的投资决策。因此我们依据现有文献分析和第4章内部控制审计意见监督作用的检验结果提出假设5-1：

假设5-1：在内控审计报告公告日的时间窗口内，非标准内控审计意见具有显著的负向市场反应。

随着信息披露制度的完善，公司的经营业绩信息可以通过季报、中报、半年报和业绩快报反映出来被广大投资者获取。特别是在现有的财务报告审计意见中，持续经营审计意见已经占到了非标财务报表审计意见70%以上（邢春玉，2019）。因此市场在财报审计意见公告前，市场中充分的公司业绩信息使得投资者可以对年度财报审计意见进行预测，投资者已经全部或部分获取了公司经营业绩状况的信息。非标财报审计意见具有一定的可预测性。然而，公司内部控制信息的获取相对困难，投资者仅能从公司发布的内部控制评价报告和内部控制审计报告中了解公司是否存在内部控制缺陷。特别是公司内部控制评价报告存在选择性披露的情况（林斌，2009），因此仅有内控审计报告可以为市场投资者提供关于公司内部控制有效性情况的直接客观信息，非标内控审计意见也更加难以预测。因此我们提出假设5-2：

假设5-2：非标内控审计意见与非标财报审计意见的市场反应存在差异。

5.4 研究设计

5.4.1 实证模型

本书用反常收益（AR）和累计超额回报（CAR）作为市场反应的代理变量，研究实施内控审计的公司中收到非标内控审计意见的市场反应。为了进行对比，我们将同时收到非标内控审计意见和非标财报审计意见，以及仅收到非标财报审计意见对公司市场反应的影响纳入我们的研究。反常收益即实际股价收益减去正常收益后的收益，也就是事件收益。股票的反常收益是实际回报与期望回报的差异，即没有预期到的收益部分。反常收益的计算模型如下：

$$AR_{it}=R_{it}-R_{mt} \tag{5-1}$$

其中，AR_{it} 是第 i 家公司第 t 日的反常收益率，R_{it} 为第 i 家公司第 t 日的日收益率，R_{mt} 为第 i 家公司第 t 日的期望收益率。目前，国内学者主要使用市场模型和市场调整模型来计算期望收益率，Ahern（2009）对市场模型、市场调整模型和三因子模型进行比较后发现Fama-French三因子模型在计算超额收益上最准确。因此本书采用Fama-French三因子模型来估计公司股票的期望收益率。计算模型如下：

$$R_{it}-R_{ft}=\alpha_i+\beta_i(R_{mt}-R_{ft})+s_iSMB_t+h_iHML_t+\varepsilon_{it} \tag{5-2}$$

其中，R_{it} 是第 i 家公司在第 t 日考虑现金红利再投资的日个股回报率；R_{ft} 为无风险收益率；SMB 为流通市值（市账比）加权的市值因子，是小市值公司与大市值公司股票收益率之差；HML 是流通市值加权的账面市值比因子，是账面市值比高的公司与账面市值比低的公司收益率之差[①]。在计算超额回报率时，先基于估计期间为（-230，-31）的200个交易日数据计算出Fama-French三因子模型的回归系数，利用回归系数计算出预期收益率，然后计算事件窗口期内产生的实际收益率与预期收益率之差，即为超额收益率，具体

---

① 具体因子计算方法见附录D。

模型为：

$$AR_{it}=R_{it}-R_{ft}-[\alpha_i+\beta_i(R_{mt}-R_{ft})+s_iSMB_t+h_iHML_t] \quad (5-3)$$

计算出超额收益率后，计算样本组平均日超额收益率：$\overline{AR_{it}}=1/n\sum AR_{it}$。其中，$n$ 代表的是研究样本个数。事件期样本组在（t_1,t_2）的累计平均超额收益率的计算方式：

$$CAR(t_1,t_2)=\sum \overline{AR_{it}}$$

为了检验公司年报公布日附近非标内控审计意见的市场反应，借鉴 Chen 等（2000）的研究设计，ΔEPS 为每股收益变化率，反映会计的盈利水平，具有信息含量，会对累计超额收益产生影响。此外，我们还加入了公司规模（SIZE）、财务杠杆（LEV）、产权属性（STATE）以及年报公告是否包含高管变更信息（TMChang）和诉讼事件（LAWSUIT）等控制变量。估计模型如下：

$$CAR_{ij}=\beta_0+\beta_1MOD\_IC_{ij}+\beta_2MOD\_ICFR_{ij}+\beta_3MOD\_FR_{ij}+\beta_4\Delta EPS\times MOD\_IC_{ij}\\+\beta_5\Delta EPS\times MOD\_ICFR_{ij}+\beta_6\Delta EPS\times MOD\_FR_{ij}+\Delta EPS+SIZE+LEV\\+STATE+TMChang+LAWSUIT+\alpha_{it}$$

$$(5-4)$$

5.4.2 变量定义

定义 MOD_IC 取 1 时表示公司当年收到非标内控审计意见和标准财报审计意见，否则为 0。同时，为了控制非标财报审计意见对财报质量的影响，我们设置虚拟变量 MOD_ICFR 和 MOD_FR。其中，MOD_ICFR 取 1 表示公司当年同时收到非标内控审计意见和非标财报审计意见，否则为 0。MOD_FR 取 1 表示公司当年收到非标财报审计意见和标准内控审计意见，否则为 0。具体变量定义见表 5-1。

表 5-1 变量定义

变量类型	符号	变量名称	变量界定
因变量	CAR	累计超额收益	采用 Fama-Franch 三因子模型计算的累计超额收益率
	AR	反常收益	公司当日收益率与三因子模型估计的期望正常收益率的差额

续表

变量类型	符号	变量名称	变量界定
自变量	MOD_IC	单独非标内控审计意见	公司当年收到非标内控审计意见和标准无保留财报审计意见取1，反之为0
	MOD_ICFR	同时非标内控和非标财报意见	公司当年同时收到非标内控审计意见和非标财报审计意见取1，反之为0
	MOD_FR	单独非标财报审计意见	公司当年收到非标财报审计意见和标准无保留内控审计意见取1，反之为0
控制变量	ΔEPS	每股收益变化率	公司第t年每股收益与$t-1$年每股收益之间的差额，与$t-1$年每股收益的比率
	$SIZE$	公司资产规模	期末公司总资产取对数
	LEV	财务杠杆	公司负债÷总资产
	$STATE$	产权属性	国有控股公司为1，反之为0
	$TMChange$	高管变更	年度财务报告包含高管变更事项
	$LAWSUIT$	诉讼风险	年度财务报告包含公司涉及诉讼事项

5.4.3 数据来源

本节内容使用数据来源于CSMAR数据库。根据研究目的和模型设计，我们选择的研究样本为2011—2018年同时进行了内控审计和财报审计的公司。我们删除了ST、PT公司和金融类公司[①]。对连续变量在1%以下和99%以上的样本进行了Winsorize处理，最终得到了13001个样本。表5-2列示了公司收到内控审计意见和财报审计意见以及实施内控审计公司总数的组合分布情况。

表5-2 内控审计意见和财报审计意见的组合分布（2011—2018年）

	MOD_IC=1	MOD_ICFR=1	MOD_FR=1	合计（含标准审计意见）
总体观测数	324	286	263	13753
最终样本数	303	216	202	13001
2011年	5	0	7	754
2012年	14	7	16	1220

---

① 因为这类企业本身财务或者经营有问题，存在较大风险，对数据结果可能存在影响。金融行业的特殊性难以和其他行业进行比较。

续表

	MOD_IC=1	MOD_ICFR=1	MOD_FR=1	合计（含标准审计意见）
2013年	24	19	17	1500
2014年	36	29	30	1703
2015年	62	30	33	1826
2016年	60	31	32	1825
2017年	47	41	29	2062
2018年	55	59	35	2110

5.5 检验结果

5.5.1 描述性统计

表5-3是被出具非标准内部控制审计意见公司 CAR 均值及T检验结果，窗口期为[-1，+1]、[-3，+3]、[-7，+7]的 CAR 均值显著为负，且 CAR 均值有不断增加的趋势。由此可见，在内控审计公告日窗口期内，在前后1天、3天和7天的窗口期，非标内部控制审计意见有着显著的负向市场反应，因此假设5-1得到证实。同时也印证了第4章检验中内控审计意见具有揭示公司内部控制缺陷的信息含量，市场投资者为了规避公司舞弊和造假的风险选择抛售该公司股票。

表5-3　被出具非标内控审计意见公司 CAR 均值及T检验结果

研究窗口	均值	T值	P值
[-1，+1]	-0.0112	-2.5571	0.01
[-3，+3]	-0.0168	-3.2178	0.0014
[-7，+7]	-0.0332	-4.8328	0

5.5.2 单变量分析

① 图5-1展示了在[-7，+7]窗口期内各个交易日的异常收益率（AR）[①]。由图可知，当公司仅收到非标内控审计意见时，AR值波动具体表现为：公告日前两日，AR均值开始下降逐渐为负值，在公告日当日到达最低。公告日第一日就开始反弹，并在第二日达到正值，随后AR逐渐稳定趋于0。当公司仅收到非标财报审计意见时，AR值波动具体表现为：公告日前两日，AR均值开始下降逐渐至负值；在公告日持续下降，直至公告日第二日达到最低并开始反弹。AR在第三日反弹至正值随后在0值小幅波动后继续下降为负值。当公司同时收到非标内控审计意见和非标财报审计意见时，AR的波动具体表现为：公告日前一日AR均值开始下降为负值，并在公告日当日达到底部区域小幅波动；在公告日第三日开始反弹，但始终低于仅收到非标内控审计意见和非标财报审计意见的AR波动曲线。由此可见，两类非标意见的三种组合类型的市场反应存在差异，内控审计意见会引起投资者对上市公司的负面反应，起到传递负向信号的作用。与非标财报审计意见相比，市场对这类负面信息的反应持续性较弱，普通投资者对非标内控审计意见的警示作用并不够重视。但当公司同时收到非标内控审计意见和非标财报审计意见时，市场对这类负面信息的反应持续性较强，AR的恢复期明显超过了前两类非标意见组合。

② 图5-2展示了在[-7，+7]窗口期内各个交易日的累计超额回报率（CAR），纵坐标表示累计超额回报率在各个样本组的均值。由图可知，当公司仅收到非标内控审计意见时出现负向市场反应，在公告日前一日累计超额回报率由正值转为负值，并在公告日第一日CAR均值达到最低，随后稳定并始终处于负值。当仅收到非标内控审计意见时，股票市场投资者在年报公布日附近也做出了明显负向反应，这与Chen等（2000）的发现一致。而公司同时收到非标内控和财报审计意见时，从公告日前一日起CAR均值就开始持续

---

① 仅收到非标财报审计意见或非标内控审计意见，事件日按报告发布日计算。同时收到非标内控审计意见和非标财报审计的公司若公告日不同，则分别计算后取均值，事件日以非标财报发布日为准。

降低直至第七日。我们发现，虽然三类非标内控意见组合都在公告日附近表现出了负向的市场反应，但是三类意见组合的负向市场反应在持续时间和影响程度上存在差异。仅收到非标内控审计意见时给 CAR 均值带来的波动没有非标财报审计意见和同时收到两种非标审计意见时幅度更大。但同时收到非标内控审计意见和非标财报审计意见时加重了负向的市场反应，说明同时收到两种非标审计意见为普通投资者对公司业绩的信心产生了重大的影响。

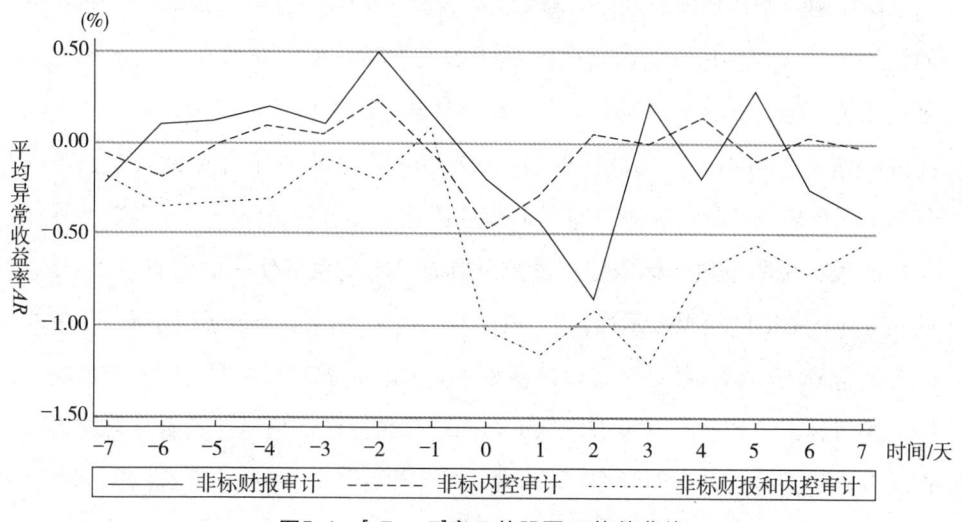

图5-1　[-7，+7]窗口的股票AR均值曲线

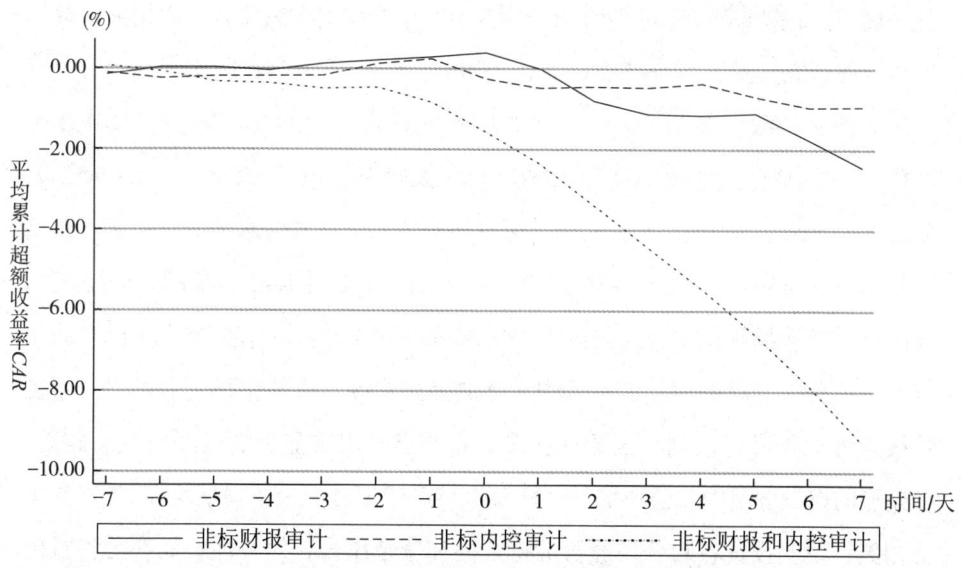

图5-2　[-7，+7]窗口的股票CAR均值曲线

5.5.3　多元回归结果分析

由于影响市场反应的因素很多，包括审计意见的影响以及年报中财务和非财务信息，比如公司的并购、投资收益和盈余等因素。因此本书通过模型（5-4）来控制除审计意见以外的其他因素的影响，来保证分析结果的可信性。表5-4列示了基于Fama-French三因子模型计算的[–1，+1]、[–3，+3]、[–7，+7]三个窗口期内累计超额回报作为因变量时模型（5-4）的多元回归结果。PanelA的结果显示，在[–1，+1]窗口期的CAR值与MOD_IC的系数在10%水平上显著负相关；PanelB的结果显示，在[–3，+3]窗口期的CAR值与MOD_IC的系数在10%水平上负相关。此证据表明，仅被出具非标内控审计意见具有显著的负向市场反应。非标内控审计意见向市场传达了显著的负向信息，影响了累计超额回报，说明单独非标内控审计意见具有一定的信号作用。同时，PanelA、PanelB和PanelC的结果显示在[–1，+1]、[–3，+3]和[–7，+7]的不同窗口期中的CAR值与MOD_ICFR的系数显著负相关（$p<0.01$）。此结果表明，同时被出具非标内控审计意见和非标财报审计意见会向市场传递负向信息，具有显著的负向市场反应。内控审计和财报审计的信号作用同时得到了验证。而CAR与MOD_FR在三个窗口期也表现出了显著的负相关性，在[–1，+1]、[–3，+3]、[–7，+7]三个窗口期内MOD_FR与CAR值分别在10%、10%和5%水平上负相关。此结果与以往研究文献一致（Chen et al.，2000）。

此外，CAR仅与$MOD\_ICFR \times \Delta EPS$在[–7，+7]的窗口期内在10%水平上负相关，而在其他窗口期与$MOD\_FR \times \Delta EPS$、$MOD\_IC \times \Delta EPS$、$MOD\_ICFR \times \Delta EPS$均不相关；在[–3，+3]窗口期与$\Delta EPS$在10%水平上负相关。此结果与以往的研究存在差异。我们认为，可能的原因是随着信息披露制度的完善，被出具此类非标财报审计意见的公司，在季报和半年报的信息披露中已经向市场反映了公司的财务信息，市场中充分的公司业绩信息使得投资者可以对年度财报审计意见进行预测。因此，在发布日并没有出现显著的市场反应。此外，在模型的控制变量中，公司财务杠杆LEV与CAR值在三个窗口期均在1%水平上负相关，说明投资者对公司经营的持续性和资金压力相对关注；而在公告日出现的高管变更 TMChange 和诉讼事件 LAWSUIT 与 CAR 并没有预期的相关性。

表5-4　三因子模型计算 CAR 值的多元回归结果

变量	PanelA CAR[-1, +1]	PanelB CAR[-3, +3]	PanelC CAR[-7, +7]
MOD_IC	-0.0060* (-1.7503)	-0.009* (-1.68)	-0.0092 (-1.2105)
MOD_ICFR	-0.0211*** (-5.1195)	-0.0480*** (-7.4532)	-0.0933*** (-10.2161)
MOD_FR	-0.0076* (-1.7490)	-0.0138** (-2.0406)	-0.0193** (-2.0175)
MOD_IC×ΔEPS	0.0001 (0.1162)	0.0006 (1.5479)	0.0008 (0.6575)
MOD_ICFR×ΔEPS	-0.0003 (-1.5337)	-0.0004 (-1.4203)	-0.0008* (-1.9177)
MOD_FR×ΔEPS	0.0002 (0.6266)	-0.0002 (-0.2696)	-0.0002 (-0.2052)
ΔEPS	0.0001 (1.6347)	0.0002* (1.7906)	0.0001 (0.7534)
SIZE	0.0001 (0.2472)	0.0002 (0.3044)	-0.0011 (-1.0464)
LEV	-0.0109*** (-3.5333)	-0.0209*** (-4.3259)	-0.0215*** (-3.1338)
STATE	0.0019 (1.6113)	0.0021 (1.1915)	0.0022 (0.8798)
LAWSUIT	-0.0027 (-1.5191)	-0.0035 (-1.2892)	-0.0032 (-0.8258)
TMChange	0.0018 (0.3662)	0.0039 (0.5146)	0.0065 (0.6078)
_cons	0.0029 (0.2727)	0.0066 (0.3968)	0.0361 (1.5259)
Industry	Yes	Yes	Yes
Year	Yes	Yes	Yes
N	13001	13001	13001
adj. R^2	0.022	0.023	0.024
F	9.1670***	9.3933***	9.7514***

注：括号内为 t 值。

5.6 稳健性检验

为了保证结论的稳健性，本章采用市场调整模型重新计算 *CAR* 值并利用模型（5-5）进行检验，结果如表5-5所示。PanelA 和 PanelB 结果显示，在 [-1，+1] 和 [-3，+3] 窗口期的 *CAR* 值与 *MOD_IC* 系数在10%水平上显著负相关（$0.1<p<0.05$）。PanelA、PanelB 和 PanelC 的结果显示在 [-1，+1]、[-3，+3] 和 [-7，+7] 窗口期的 *CAR* 值与 *MOD_ICFR* 的系数显著负相关（$p<0.01$），在 [-1，+1] 和 [-7，+7] 窗口期 *CAR* 与 *MOD_ICFR* × ΔEPS 的系数显著负相关。这说明同时得到内控和财报非标审计意见具有强烈的负向市场反应，同时公司业绩对非标审计意见具有一定的调节作用。PanelA、PanelB 和 PanelC 中 *CAR* 与 *MOD_FR* 呈显著负相关，与主检验和以往文献完全一致。以上结果与主测试结果基本一致，表明同时被出具非标内控审计意见和非标财报审计意见会向市场传递负向信息，具有显著的负向市场反应；仅被出具非标内控审计意见也具有一定程度的负向市场反应。对比以往研究文献，此结果也说明，非标内控审计意见可以强化非标财报审计意见的市场反应，同时单独被出具非标内控审计意见可以引起负向市场反应，表明市场投资者逐渐理解了内控审计意见反映出的公司内控缺陷和舞弊风险的含义，因此当前阶段内控审计意见已反映出相应的信息价值。

表5-5 市场调整模型计算 *CAR* 值的多元回归结果

变量	PanelA *CAR*[-1，+1]	PanelB *CAR*[-3，+3]	PanelC *CAR*[-7，+7]
MOD_IC	−0.0068* (−1.9491)	−0.0041* (−1.7606)	−0.0126 (−1.6398)
MOD_ICFR	−0.0260*** (−6.2015)	−0.0581*** (−8.9201)	−0.1011*** (−10.9302)
MOD_FR	−0.0081* (−1.8447)	−0.0151** (−2.2162)	−0.0222** (−2.2941)
MOD_IC × ΔEPS	0.0003 (0.4606)	0.0009 (0.9958)	0.0014 (1.0408)
MOD_ICFR × ΔEPS	−0.0004** (−2.1055)	−0.0005 (−1.6314)	−0.0008* (−1.9143)

续表

变量	PanelA CAR[-1, +1]	PanelB CAR[-3, +3]	PanelC CAR[-7, +7]
$MOD\_FR \times \Delta EPS$	0.0001 (0.2465)	−0.0000 (−0.0622)	−0.0001 (−0.1367)
ΔEPS	0.0001** (2.0223)	0.0002* (1.7783)	0.0001 (0.5775)
$SIZE$	0.0003 (0.6064)	0.0001 (0.1436)	−0.0014 (−1.3623)
LEV	−0.0115*** (−3.6398)	−0.0217*** (−4.4507)	−0.0217*** (−3.1274)
$STATE$	0.0027** (2.3128)	0.0049*** (2.6753)	0.0067*** (2.5876)
$LAWSUIT$	−0.0020 (−1.0997)	−0.0028 (−0.9970)	−0.0036 (−0.9103)
$TMChange$	0.0016 (0.3249)	0.0039 (0.5179)	0.0060 (0.5605)
_cons	−0.0004 (−0.0346)	0.0069 (0.4101)	0.0388 (1.6194)
Industry	Yes	Yes	Yes
Year	Yes	Yes	Yes
N	13001	13001	13001
adj. R^2	0.032	0.044	0.053
F	12.7603	17.2501	21.0573
p	0.0000	0.0000	0.0000

注：括号内为t值。

5.7 本章小结

国内学者关于内控审计意见市场反应的研究是基于内控审计实施初期的样本进行检验的[①]，发现内部控制审计意见并没有表现出显著的市场反应。本章利用中国A股市场2011—2018年共8个年度的数据，进一步实证检验了非

---

① 吴溪等（2016）基于2011—2013年A股市场数据研究发现，非标内控审计伴随着更高的重大错报概率，但在非标内控审计意见公告日附近并没有显著的负向市场反应。

标内控审计意见的市场反应，试图发现内部控制审计的信号作用。得出结论如下：

第一，非标内控审计意见向市场传递了公司内部控制缺陷及未来财报舞弊和欺诈的可能性，致使公司的股票价格下跌。通过Fama-French三因子模型计算CAR值发现，在审计意见公告日窗口期内，公司同时收到非标内控审计意见和非标财报审计意见引起的公司股价下跌幅度超过了单独收到非标内控审计意见或非标财报审计意见带来的影响。通过多元回归检验发现，非标内控审计意见可以向市场传达显著的负向信息，并引起公司股票价格下跌。同时，非标内控审计意见强化了非标财报审计意见的市场反应，导致投资者信心不足从而引起强烈的市场反应。以上证据在一定程度上证实了当前内控审计已经具备了一般审计的信号功能，可以向市场投资者传递公司内控相关的信息并在股价中得到反映。

第二，多元回归结果发现每股收益变化对CAR值并没有达到预期的影响，对非标审计意见的交互作用并不完全。我们认为可能的解释是，基于现有的信息披露规则，公司在季报和半年报中可以向市场传递公司的财务信息，投资者可以根据季报、半年报以及公司披露的业绩预告提前对公司财务状况进行有效的判断和预测。因此，公司仅被出具非标财报审计意见对每股收益变化的交互作用并不显著；反之，投资者无法对公司的内部控制状况进行事前的判断和了解。随着内控审计实施年份的增长，投资者对公司内部控制与财务报告舞弊行为的认知更加深入。因此，当公司被单独出具内控审计意见或是同时出具非标内控和财报审计意见时会显现出与每股收益变化率一定程度的交互作用。

第三，市场投资者对公司风险的规避超过了对公司盈利的关注。与公司盈利相比，投资者显现出对公司经营和资金压力的关注，说明现有市场投资者更倾向于"风险厌恶"的特征。公司内部控制缺陷很难在短期得到纠正。相比于非标财报审计意见，非标内控审计意见向市场传递公司发生舞弊行为的信号作用具有更强的时效性，也更被投资者关注。

学术界对关于财务报告审计意见市场反应的研究已经进行了广泛论证。

当前阶段随着"双审计"模式的开展，信息披露制度的加强以及投资者对公司内部控制有效性和舞弊风险感知的了解，两类审计意见的市场反应需要得到系统性的检验。检验当前阶段内控审计意见的市场反应也有助于验证审计的信息功能，从而有效发挥审计信息功能促进市场资源分配并提高市场效率。本章的研究找到了内控审计发挥信息功能的证据，也表明了当前投资者对公司内部控制有效性与财务舞弊风险的认知和理解，说明现阶段投资者对公司内部控制审计意见的理解发生了变化。从最初的弱市场反应转变为对舞弊风险进行规避的强市场反应。主要原因是：第一，投资者对风险认知水平提高，认识到公司内部控制重大缺陷可能带来的风险和损失；第二，市场中关于公司内控信息的披露相对匮乏，让内部控制审计意见具有不可预测性，增加了内控审计意见的信息含量；第三，近年来资本市场中公司财务造假和舞弊行为频出，增大了市场投资者对风险信息的敏感度。

本章关于内控审计意见市场反应的研究反映了内控审计的信息价值和功能，在接下来的章节我们将对内控审计的保险功能进行检验。

6 内部控制审计与审计保险功能

6.1 研究背景

审计理论假说中的保险假说认为,审计不仅具有信息价值,而且还具有相应的保险价值。那么内部控制审计作为监管层规范公司内部控制、遏制公司舞弊行为的一项外部治理机制,是否可以实现其相应的保险功能呢?或者说内部控制是否增进了外部审计的保险价值呢?

根据审计保险理论,投资者依据经审计的财务报告信息做出投资决策,如果因为财务报告错报给投资者造成损失,审计师应当给予相应的损失赔偿,从而达到规避风险减少损失的目的,所以财务报告审计本质上是财务报表风险的一种转移机制(Menon and Williams, 1994)。作为一项外部审计治理机制,内部控制审计也具有一般审计的理论基础,并且中国的内部控制审计不但要求审计师评价财务报告内部控制缺陷,还要求审计师对公司非财务报告内部控制进行评价。中国实施内部控制审计的目的是规范公司内部控制、遏制公司管理层的舞弊行为。内部控制审计意见也是对公司内部控制的公允反映。经过内部控制审计的公司理应得到财务报告和公司内部控制公允评价的双重保证,从而进一步增进审计的保险价值。

本章包含两部分内容,首先对比未实施内控审计的公司,以审计费用来检验内控审计的保险价值,以及法律风险对内控缺陷和审计费用的中介作用。然后以实施内控审计的公司为样本,从内控审计意见和法律风险的关系来检验内控审计的保险作用;探讨实施内部控制审计对审计保险功能的影响;实施内控审计能否实现公司内部控制的风险转移,体现其一般审计的保险功能。在此基础上,进一步探讨公司内部控制缺陷、会计师事务所规模以及法律环境对审计保险价值的影响。

6.2 理论分析与研究假设

保险理论是审计需求理论中的重要假说。独立审计不仅是一种信息鉴证机制，而且可以通过风险转移的方式将其面临的信息风险全部或部分地转移给保险人。因此，具备独立审计特征的内部控制审计也应具有相应的保险价值并实现其保险功能。监管层实施内部控制审计的目标是提高财务报告审计质量，遏制管理层舞弊行为，提高公司财务信息质量。从第4、第5章的检验结果来看，实施内控审计可以对应计盈余管理起到监督作用，非标内控审计意见也可以对市场产生一定的负向市场反应。那么内部控制审计在当前的市场环境下是否可以发挥其应有的保险功能呢？作为一项独立的审计经济业务是否可以对公司内部控制风险起到价值保证并反映其保险价值呢？

6.2.1 内部控制审计与审计费用

保险理论是基于审计的保险机制来寻求审计在社会经济系统中的本质贡献，其基本观点是，审计是财务报表风险的一个转移机制。保险理论以风险转嫁理论为基础，认为审计具有保险价值，能够在审计失败时向投资者提供赔偿。审计师通过出具审计报告对公司财务信息和内控信息披露的真实公允做出承诺。广大投资者基于对外部审计师公信力的信任，依据公司的财务信息和内控信息进行投资决策。这样，审计师就审计的财务信息和内控信息承担担保责任。如果审计师因为职业道德和胜任能力等原因出具了不当审计意见而给投资者带来损失，那么审计师就应当对投资者承担虚假陈述的侵权责任并赔偿相应的损失。因此，根据保险理论，我们认为审计报告实质上是对公司披露财务信息和内控信息的"保险单"（Ronen，2002；Dontoh et al.，2013）。Menon 和 Williams（1994）认为，审计保险价值的存在必须满足两个条件：其一是信息使用者具有向审计师提起诉讼的权利；其二是审计师具有相应的赔偿能力。因此，保险假说的成立需要一定的制度环境，当信息使用者具有向审计师求偿的权利时，审计师可以作为信息风险的保险人。中国最高人民法院在2003年1月9日颁布了《关于审理证券市场因虚假陈述引发的民事赔偿案件的若干规定》，要求审计师就审计意见的公允性对财务报告的使用者负有保证义务，如审计师违反了这种义务且给信息使用者带来了损失则要对信息使用者承担民事赔偿责任。2007年6月颁布的《关于审理涉及会计师事务所在审计业务活动中民事侵权赔偿案件中的若干规定》，标志着中国资本市场真正拥有了审计保险的法律制度基础。

我们根据审计需求理论将审计费用定义为信息鉴证费用和保险性质的审计费用。通常认为，根据审计准则实施财务报告审计程序可以依赖公司内部控制系统和相应的财务报告系统或者直接依赖实质性测试，但在实施内控审计后，审计师必须对公司内部控制有效性进行评价并在此基础上进行财务报告审计。审计师在确认公司内部控制有效后依据公司的财务报告系统出具审计报告，而对公司有效内控的确认就包含了保险价值，也是内部控制审计保险功能的体现。因此，我们认为公司实施内控审计后，会同时增加内控鉴证信息性质的审计费用和内控保险性质的审计费用。因此，我们提出假设6-1。

假设6-1：内部控制审计增加了审计内控信息成本和审计保险价值，从而显著提高了审计费用。

近年来，会计师事务所受到行政处罚的案例显著增加，许多投资者据此提起诉讼并要求会计师事务所承担连带赔偿责任，中国资本市场的此类诉讼案件不断出现[①]。

监管层披露的上市公司违规处罚公告内容中的虚假记载、不实披露、内幕交易等违规事项均与公司内部控制相关。目前在《企业内部控制审计指引》中明确了内控审计中审计师有发现公司内控缺陷，并在内控审计报告中披露公司重大缺陷的责任。一般认为，审计师发现公司缺陷后会基于风险和收益

---

① 2018年8月6日，中国证监会做出〔2018〕78号《行政处罚决定书（立信所、邹军梅、程进）》，认定立信所对金亚科技公司2014年度财务报表审计时，未勤勉尽责，出具了存在虚假记载的审计报告。四川省成都市中级人民法院民事判决书（2019）川01民初2806号，判令被告立信会计师事务所（特殊普通合伙）对被告金亚科技股份有限公司的上述责任承担连带赔偿责任。

平衡的考虑而进行披露。《企业内部控制审计指引》将内部控制缺陷按其成因分为设计缺陷和运行缺陷，按影响程度分为重大缺陷、重要缺陷和一般缺陷。在内部控制审计报告中仅要求披露内部控制重大缺陷。

一般认为，当审计师在内控审计中发现公司有重大缺陷迹象，但未取得充分证据时并不会充分披露在内控审计报告中。但若审计师出具了干净的内控审计意见，公司仍因为内部控制问题使得利益相关者受到损失，则无论经审计的财务报表是否真实公允，公司和审计师都需要承担因内控披露不实而引起的诉讼风险和赔偿责任。因此，在当前可以体现审计保险价值的法律制度环境中，审计师在内控审计中必须更加谨慎地评价公司内部控制的有效性并对可能的内部控制缺陷进行识别。在内部控制审计中，可能的内部控制缺陷的存在会产生额外的审计风险，审计的保险价值理应体现得更加显著。事务所基于审计风险的考虑也理应收取更多的保险性质审计费用。因此，我们提出假设6-2。

假设6-2：存在内控缺陷的公司显著增加了内部控制审计的保险价值，其审计费用的增长更加明显。

DeAngelo（1981）认为投资者更加偏好于对赔偿能力高的会计师事务所提起诉讼。在审计市场中，"四大"会计师事务所的经济能力显著高于国内会计师事务所，其对外赔偿的责任范围也更大。而国内会计师事务所由于资金有限，投资者得到赔偿的可能性也较低（王春飞、陆正飞，2014）。若经"四大"会计师事务所审计的公司因为管理层舞弊等与公司内部控制相关的负面信息被发现，根据"深口袋"理论，投资者更有可能向其提出赔偿请求，这样就加大了"四大"会计师事务所进行内控审计带来的诉讼风险，相应增加了其进行内控审计的保险价值。因此，我们提出假设6-3。

假设6-3：内部控制审计会增加"四大"会计师事务所审计的诉讼风险并强化其保险价值，从而显著增加"四大"会计师事务所的审计费用。

6.2.2 内控缺陷对法律风险中介效应的影响

存在内控缺陷的公司更可能发生管理层舞弊行为，在公司经营、财务信息和非财务信息披露等公司管理上更可能存在法律风险。在实施内控审计的公司中，如果法律风险在公司内控缺陷和审计费用之间发挥着中介变量作用，那么在实施内控审计的公司中，不同内控水平的公司其法律风险的中介作用机制是否有差异？经过内控审计的公司其内控缺陷向市场传递的法律风险信息，对内控审计的保险价值会产生怎样的影响，具体在审计费用中如何体现？本小节基于审计保险假说，对公司整体法律风险在内控缺陷和审计费用之间的中介作用进行检验。

现有文献表明，公司内部控制越有效，公司面临的诉讼风险就越低，公司内部监督和内部环境对诉讼风险具有显著影响（毛新述、孟杰，2013）。内部控制质量越高，审计收费越低，诉讼风险削弱了内控质量与审计收费的负向关系（朱道宁，2015）。我们认为，一方面，内部控制审计增强了事务所对公司内部控制水平的认知，强化了对存在内控缺陷的公司有可能导致更多的法律风险的认识，而公司的风险承担水平与审计费用呈显著正相关关系（朱鹏飞等，2018）。因此，当内控审计师的诉讼风险增加时，就会提高审计费用，增加内控审计的保险价值。另一方面，从存在内控缺陷公司的角度来看，虽然认识到公司存在内部控制缺陷并可能导致法律风险，但出于经营的考虑不得不承担更高的风险，并愿意增加内控审计费用来转移相应诉讼风险。基于以上分析，我们提出假设6-4。

假设6-4：实施内控审计的公司中法律风险在公司内部控制与审计费用之间发挥中介作用。

6.3 模型设定与实证方案

6.3.1 样本选择

本小节以沪深两市所有上市公司为研究对象，以内部控制审计实施后2011—2018年为样本期间，并按照以下标准筛选公司：剔除金融类公司；剔除当年IPO或ST的上市公司；剔除因为审计师主动辞聘及并购因素引起的审计师变更样本；对于连续变量在1%以下和99%以上的样本进行Winsorize处理。本小节的财务数据、内部控制审计意见数据、审计师数据等来自CSMAR数据库,其他相关数据的补充来自迪博数据库和巨潮资讯网站。本小节最终得到了14230个观测样本。

根据已有研究,通过下列方式确定公司存在内部控制缺陷:

第一,上市公司发布的年度内部控制自我评价报告。借鉴叶建芳等(2012)的方法识别内部控制缺陷[①]。第二,当年度存在违规事实并受到上海证券交易所、深圳证券交易所或证监会处罚。"一会两所"对上市公司制度建设和行为进行检查并出具报告,若受到处罚则说明公司的内部控制存在较严重的问题。第三,样本公司当年被出具了非清洁内部控制审计意见。第四,样本公司当年存在财务报告重述或重大会计差错更正的情况,财务报告重述的公司存在隐藏(不披露)内部控制缺陷的行为(Rice and Weber,2012)。

6.3.2 变量设计与模型构建

根据前文所述设计变量如表6-1所示:

表6-1 变量说明

变量类型	符号	变量名称	变量界定
因变量	LnFee	审计费用	当年年报披露审计费用取自然对数
自变量	ICAUDIT	实施内部控制审计	当年实施内部控制审计取值为1,其余为0
	LITIRISK	公司法律风险	公司过去三年重大诉讼仲裁与违规处罚事件和取均值的对数
	ICLevel	公司内部控制水平	存在内控缺陷取1,反之取0
	SIZE	公司规模	期末总资产的自然对数
	LEV	财务杠杆	长期负债/总资产
	GROWTH	销售增长率	(本期销售收入−上期销售收入)/上期销售收入
	LIQUID	流动比率	流动资产/流动负债

---

① 在阅读内部控制自评报告时主要锁定"问题及整改计划"一栏,若存在对内部控制否定性语句的阐述,诸如内部控制制度存在边界不够清晰、细节重复或相互冲突,尚未建立有效的考评体系和激励机制,工作流程不够规范、简洁,独立董事履职不到位、审计委员会建设不完善,会计基础工作存在缺陷等语句,则认定为存在内部控制缺陷。

续表

变量类型	符号	变量名称	变量界定
自变量	*CFLOW*	现金流量	第i期经营活动现金流量净额/总资产
	ROA	资产收益率	第i期期末营业利润/期末总资产
	MB	市账比	公司市值与账面价值比例
	AGE	公司年龄	公司成立时间（以年计算）取对数
	Inverntorasset	存货占比	年末存货余额/资产总额
	Accountasset	应收占比	年末应收账款净额/资产总额
	CEOduality	两职合一	若董事长与总经理为同一人担当取1，否则取0
	INDEPcommit	独立董事占比	公司独立董事人数/公司董事总人数
	SIZEcommit	董事会规模	董事人数取对数
	MW	内部控制缺陷	当样本公司存在内部控制缺陷时为1，其余为0
	DEFICI	公司内部控制缺陷披露	公司披露内部控制缺陷为1，反之为0
	ICcost	公司内部控制审计费用披露	公司披露内部控制审计费用为1，反之为0
	STATE	公司性质	如果公司最终控制人为国企，取值为1，否则为0
	FRAUD	财务报表舞弊	行政处罚类型含虚假陈述或误导性陈述取值为1，反之取0
	ABH	交叉上市	交叉上市取1，反之取0
	AUChange	审计师变更	当年审计师变更取1，反之取0

（1）主模型设计

在选取上述变量的基础上，本小节依据Simunic经典审计定价模型和张国清、夏立军（2013）的研究模型，审计收费主要受到审计客户规模、审计复杂程度、审计风险、审计师特征等因素的影响，分别构建以下模型来验证前文的假设。

$$Ln Fee = \beta_0 + \beta_1 ICAUDIT + \beta_2 MW + \beta_3 AUChange + \beta_4 SIZE + \beta_5 ROA + \beta_6 AGE + \beta_9 LEV + \beta_7 GROWTH + \beta_7 LIQUID + \beta_4 Invasset + \beta_5 Accasset + \beta_7 MB + \beta_7 CEOduality + \beta_8 SIZEcommit + \beta_9 INDEPcommit + \beta_{10} GCO + \sum Year + \sum Industry + \varepsilon_i$$

（6-1）

其中，ε为误差项；β为各变量的估计系数。其余变量定义如表6-1所示。

（2）中介检验模型设计

本小节借鉴温忠麟的中介效应检验方法（温忠麟，2014），采用依次检验法，进行以下三个步骤：

第一步，建立模型（6-2），检验在实施内控审计的公司中内部控制水平与审计收费的关系。

$$LnFee=\beta_0+\beta_1 ICLevel+\beta_2 Controls+\sum Year+\sum Industry+\varepsilon_i \quad (6-2)$$

第二步，建立模型（6-3），检验公司内部控制水平与法律风险的关系。

$$LITIRISK=\beta_0+\beta_1 ICLevel+\beta_2 Controls+\sum Year+\sum Industry+\varepsilon_i \quad (6-3)$$

第三步，建立模型（6-4），检验法律风险的中介效应是完全中介效应还是部分中介效应。

$$LnFee=\beta_0+\beta_1 LITIRISK+\beta_2 ICLevel+\beta_3 Controls+\sum Year+\sum Industry+\varepsilon_i \quad (6-4)$$

模型（6-2）、模型（6-3）、模型（6-4）中的控制变量及定义与模型（6-1）中的相同，并控制了年度和行业固定效应。

6.4 实证结果与分析

6.4.1 描述性统计

表6-2是本章模型涉及变量的描述性统计结果。由表可知，A股上市公司中实施内控审计的公司总体占比77.6%，其中披露内控审计费用公司数量为8041家。有21.1%的公司存在因为内控受到处罚或存在非财报重述的情况。

表6-2 本章模型涉及变量的描述性统计

变量	N	mean	sd	p25	p50	p75
LnFee	16425	13.84	0.706	13.35	13.71	14.19
ICAUDIT	16425	0.776	0.417	1	1	1
LITIRISK	16425	0.480	0.788	0	0	0.693
MW	16425	0.211	0.408	0	0	0
SIZE	16425	22.34	1.330	21.44	22.17	23.09

续表

变量	N	mean	sd	p25	p50	p75
LEV	16425	0.457	0.207	0.295	0.456	0.615
GROWTH	16425	9.536	1057	−0.0288	0.0978	0.248
LIQUID	16425	2.222	3.655	1.055	1.526	2.355
CFLOW	16425	0.0419	0.0806	0.00334	0.0418	0.0841
ROA	16425	0.0519	0.0590	0.0267	0.0488	0.0790
MB	16425	0.632	0.247	0.443	0.641	0.824
AGE	16425	16.67	6.910	10	17	23
Inventorasset	16425	0.160	0.155	0.0607	0.120	0.199
Accountasset	16425	0.108	0.106	0.0254	0.0792	0.158
CEOduality	16425	0.229	0.420	0	0	0
INDEPcommit	16425	0.373	0.0556	0.333	0.333	0.429
SIZEcommit	16425	2.151	0.200	2.079	2.197	2.197
DEFICI	16425	0.310	0.462	0	0	1
ICcost	16425	0.490	0.500	0	0	1
STATE	16425	0.445	0.497	0	0	1
FRAUD	16425	0.113	0.387	0	0	0
FRBIG4	16425	0.0658	0.248	0	0	0
ABH	16425	0.0339	0.181	0	0	0
AUChange	16425	0.188	0.391	0	0	0

表6-3描述了2011—2018年沪深两市公司审计费用变化率以及内部控制审计报告披露情况。内控审计实质性实施是在我国2012年强制要求国有大型公司披露内控审计报告以后，因此2012年沪深两市审计费用增长率为25%，其中披露内控审计报告的公司占32.6%，明显高于未实施内控审计的公司。未实施内控审计公司的审计费用增长率相对稳定。本章涉及变量的相关系数表见附录B。

表6-3 审计费用平均增长率

年份	沪深两市A股		披露内控审计		未披露内控审计	
	增长率/%	样本量	增长率/%	样本量	增长率/%	样本量
2011	12.9	1929	15.6	800	11.4	1129

续表

年份	沪深两市A股		披露内控审计		未披露内控审计	
	增长率/%	样本量	增长率/%	样本量	增长率/%	样本量
2012	25	2061	32.6	1273	11.9	788
2013	26.6	2014	13.7	1555	8.7	459
2014	14.3	2145	15.1	1758	11.1	387
2015	17.2	2238	12.1	1902	18	336
2016	16.6	2349	13	1920	15.8	429
2017	14.1	2500	12.7	2190	17	310
2018	9.5	2664	8.5	2230	15	434

6.4.2 多元回归结果分析

（1）内部控制审计与审计收费

表6-4PanelA报告的回归结果中，被解释变量为审计费用（LnFee）。从全样本的回归结果来看，公司实施内部控制审计（$ICAUDIT$）的系数为0.064且在1%的水平上显著为正，这表明与未实施内控审计的公司相比，实施内部控制审计显著提高了公司的审计费用，从而提高了公司审计的保险价值。该结果支持了研究假设6-1。从控制变量的回归结果来看，审计师变更（$AUChange$）与审计费用显著负相关，说明在中国审计市场中存在"低价揽客"和准租金。市账比（MB）、应收占比（$Accountasset$）和财务杠杆（LEV）的系数在所有回归模型中为正且统计显著，表明公司的市场风险和财务风险越高，审计费用越高。是否交叉上市（ABH）、"四大"审计（$FRBIG4$）的系数为正且统计显著，这表明更高的监管政策和审计师规模会提高审计费用。这些控制变量的结果与前人的研究相符（Hoitash et al., 2008; Elder et al., 2009; Munsif et al., 2011; 张国清, 2013），也间接佐证了回归结果的可靠性。

（2）公司内部控制缺陷和事务所规模的影响

为了考察公司内部控制缺陷和会计师事务所规模对实施内控审计与审计保险价值关系的影响，我们在模型（6-1）中分别引入实施内控审计（$ICAUDIT$）与公司内控缺陷（MW）和"四大"会计师事务所（$FRBIG4$）

的交乘项。其中，表6-4 PanelB结果显示，交乘项ICAUDIT×MW的系数为0.040，在5%的水平上显著正相关。此结果表明，存在内控缺陷的公司实施内控审计，提高了审计师对公司内控缺陷产生诉讼风险的认知，从而显著提高了公司审计费用。因此，研究假设6-2得到验证。

表6-4 Panel C考察了会计师事务所规模的影响。结果显示，ICAUDIT×FRBIG4的回归系数为0.139，在1%的水平上显著正相关。此结果表明，实施内部控制审计后"四大"会计师事务所的审计费用提高更加明显。这也表明，国际"四大"会计师事务所具有较高的赔付能力，因此更有可能成为承担诉讼风险的对象。实施内控审计后，为了应对未来预期的诉讼风险损失，"四大"提高了审计收费和相应的审计保险价值。此结果支持了研究假设6-3。以上检验结果为验证审计保险理论提供了证据。

表6-4 回归结果

变量	PanelA	PanelB	PanelC
$ICAUDIT$	0.064*** （7.82）	0.051*** （5.19）	0.060*** （7.27）
MW	0.024*** （3.34）	−0.007 （−0.45）	0.024*** （3.37）
$ICAUDIT \times MW$		0.040** （2.40）	
$ICAUDIT \times FRBIG4$			0.139*** （3.09）
$AUChange$	−0.067*** （−5.54）	−0.067*** （−5.54）	−0.067*** （−5.55）
$SIZE$	0.409*** （91.27）	0.409*** （91.29）	0.408*** （91.11）
ROA	−0.617*** （−8.26）	−0.617*** （−8.26）	−0.611*** （−8.18）
AGE	0.008 （0.89）	0.008 （0.81）	0.009 （0.96）
LEV	−0.069** （−2.45）	−0.069** （−2.46）	−0.068** （−2.41）
$GROWTH$	0.008 （1.12）	0.008 （1.18）	0.007 （1.09）

续表

变量	PanelA	PanelB	PanelC
LIQUID	−0.016*** （−9.37）	−0.016*** （−9.36）	−0.016*** （−9.39）
Inventorasset	−0.083** （−2.57）	−0.082** （−2.56）	−0.083*** （−2.59）
Accountasset	0.191*** （4.90）	0.192*** （4.93）	0.191*** （4.90）
MB	0.039*** （15.08）	0.039*** （15.10）	0.039*** （15.06）
CEOduality	0.009 （1.08）	0.010 （1.17）	0.008 （1.03）
SIZEcommit	−0.015 （−0.71）	−0.015 （−0.71）	−0.015 （−0.69）
INDEPcommit	0.080 （1.08）	0.081 （1.10）	0.077 （1.05）
GCO	0.149*** （3.34）	0.149*** （3.35）	0.150*** （3.39）
ABH	0.441*** （24.49）	0.441*** （24.47）	0.435*** （24.03）
FRBIG4	0.582*** （34.36）	0.582*** （34.39）	0.462*** （10.99）
年度	控制	控制	控制
行业	控制	控制	控制
Constant	4.497*** （41.09）	4.506*** （41.15）	4.511*** （41.19）
Observations	16425	16425	16425
R-squared	0.698	0.698	0.675
R^2_a	0.677	0.597	0.674
F	710.9***	696.1***	696.4***

注：括号内为T值。***、**、*分别表示在1%、5%、10%水平上统计显著。

（3）公司法律风险的中介效应检验

本小节采用模型（6-2）至模型（6-4）研究公司内部控制缺陷对审计收费的作用路径，即检验公司法律风险在公司内部控制水平和内部控制审计收费中的中介作用。结果如表6-5所示。PanelA是模型（6-2）的检验结果，公司的内部控制缺陷（MW）与审计费用（$LnFee$）在1%水平上正相关，说明内部控制水平越低、存在内控缺陷的公司审计费用越高。PanelB是模型（6-3）的回归结果，MW与$LITIRISK$在1%水平上正相关，说明公司内部控制水平越低、存在内控缺陷，其法律风险越高。PanelC是模型（6-4）的回归结果，其中MW与$LnFee$在5%水平上正相关，$LITIRISK$与$LnFee$在1%水平上正相关。以上结果表明，在实施内控审计的公司中，当确认公司内控水平较低时会提高审计师对公司法律风险的认知，进而提高审计费用。其中，公司法律风险对审计费用的影响有部分中介效应。为了检验部分中介效应，本小节运用Sobel-Goodman中介检验方法，结果如表6-6所示。可以看出三个检验结果的P值均小于0.01，说明法律风险的部分中介效应在1%的水平上显著，从而验证了假设6-4。

表6-5 法律风险的中介效应检验

变量	PanelA $LnFee$	PanelB $LITIRISK$	PanelC $LnFee$
MW	0.0247*** （2.9061）	0.1171*** （5.7425）	0.0216** （2.5367）
$LITIRISK$			0.0269*** （6.5774）
$FRBIG4$	0.5754*** （30.5298）	-0.1188*** （-2.6290）	0.5786*** （30.7518）
$ICAuditOpin$	0.0783*** （3.1555）	0.6496*** （10.9163）	0.0608** （2.4422）
$AUChange$	-0.0675*** （-4.8455）	0.1041*** （3.1173）	-0.0703*** （-5.0546）
$SIZE$	0.4200*** （80.4975）	-0.0553*** （-4.4182）	0.4215*** （80.8711）
ROA	-0.6301*** （-6.9484）	-1.8650*** （-8.5771）	-0.5799*** （-6.3854）
AGE	0.0084 （0.7190）	0.0603** （2.1403）	0.0068 （0.5819）
LEV	-0.0648* （-1.9494）	0.8219*** （10.3058）	-0.0870*** （-2.6063）
$GROWTH$	0.0002 （0.0238）	0.0633*** （3.1581）	-0.0015 （-0.1803）

续表

变量	PanelA Ln*Fee*	PanelB *LITIRISK*	PanelC Ln*Fee*
LIQUID	−0.0173*** (−8.2111)	0.0039 (0.7695)	−0.0174*** (−8.2774)
Inventorasset	−0.0423 (−1.1016)	−0.0659 (−0.7147)	−0.0406 (−1.0576)
Accountasset	0.1767*** (3.7499)	−0.2446** (−2.1654)	0.1833*** (3.8967)
MB	0.0450*** (14.6116)	0.0167** (2.2609)	0.0446*** (14.4917)
CEOduality	−0.0004 (−0.0439)	0.0394 (1.6371)	−0.0015 (−0.1498)
SIZEcommit	0.0037 (0.1468)	0.0615 (1.0214)	0.0020 (0.0810)
INDEPcommit	0.1175 (1.3523)	−0.1477 (−0.7089)	0.1215 (1.4008)
GCO	0.1515*** (2.9222)	0.2463** (1.9809)	0.1449*** (2.7996)
ABH	0.4435*** (22.6178)	0.0495 (1.0518)	0.4422*** (22.5947)
_cons	4.2483*** (32.9980)	1.2973*** (4.2022)	4.2134*** (32.7657)
Industry	Yes	Yes	Yes
Year	Yes	Yes	Yes
N	12740	12740	12740
adj. R^2	0.711	0.119	0.712
F	556.5592	31.4974	547.8620

注：括号内为T值。***、**、*分别表示在1%、5%、10%水平上统计显著。

表6-6 Sobel-Goodman 中介检验

	Coef	Std Err	Z	P>Z
Sobel	0.004355	0.001488	2.927	0.00342
Goodman-1（Aroian）	0.004355	0.001494	2.916	0.00355
Goodman-2	0.004355	0.001482	2.939	0.003292

6.4.3 进一步分析与稳健性检验

（1）进一步分析

虽然中国资本市场已经具备了审计保险价值的法律环境，但是因为中国各地区经济发展不平衡，法律制度对市场的保障程度存在差异。已有研究发现，在投资者保护较弱的省份，公司发生财务舞弊的可能性更高（吴永明、袁春生，2007），公司的盈余管理行为更加严重（曾建光等，2013）。因此，内部控制审计作为一种外部治理机制也需要在成熟完善的法律环境下才能发挥作用。

实施内控审计让会计师事务所增加了信息鉴证性质的审计费用，同时因为诉讼风险而增加了保险性质的审计费用。公司的内控缺陷增加了审计风险，从而也增加了保险性质审计费用。然而，虽然已有公司舞弊行为造成会计师事务所承担连带赔偿责任的案例，但由于司法制度不完善、法制环境较差和地方保护主义的因素，法律对中国资本市场中公司和会计师事务所的惩戒力度较小。为了检验不同法律环境对保险性质审计费用的影响，我们在模型（6-1）和模型（6-2）中引入法律环境（legal）[①]，将实施内控审计的公司分为法律环境高和法律环境低两组分别进行检验。结果如下：

表6-7的结果显示，在高法律环境组中公司内控缺陷（MW）的系数为0.056，在1%的水平上显著。在低法律环境组中公司内控缺陷（MW）的系数为0.019，统计结果不显著。这一结果表明，审计师对公司内控缺陷引起诉讼风险的认识在法律环境较高的地区得到共同认知，审计的保险价值体现得更加显著；而在法律环境较低的地区，审计师对内控缺陷引起诉讼风险的共同认知并不显著。此外，在高法律环境组中"四大"（$FRBIG4$）的系数为0.524，在1%的水平上显著。在低法律环境组中"四大"（$FRBIG4$）的系数为0.590，在1%的水平上显著。此结果表明"四大"会计师事务所审计的保险价值在不同法律环境下不存在显著差异。

[①] legal表示地区法律环境，基于樊纲编制的《中国市场化指数》中的"市场中介组织的发育和法律制度环境"指数，如果公司所在地区得分高于所有省份的中位数，取值为1，否则为0。

表6-7 法律环境分组回归结果

变量	legal=1	legal=0
MW	0.056***	0.019
	(4.67)	(1.63)
AUChange	−0.063***	−0.046**
	(−2.97)	(−2.54)
SIZE	0.439***	0.399***
	(59.14)	(55.17)
ROA	−0.814***	−0.623***
	(−6.36)	(−5.00)
AGE	−0.000	0.038**
	(−0.02)	(2.35)
LEV	0.026	−0.049
	(0.54)	(−1.09)
GROWTH	0.007	−0.002
	(0.63)	(−0.14)
LIQUID	−0.016***	−0.018***
	(−5.21)	(−6.34)
Inventorasset	−0.037	−0.105*
	(−0.69)	(−1.94)
Accountasset	0.053	0.186***
	(0.85)	(2.61)
MB	0.046***	0.045***
	(10.83)	(10.13)
CEOduality	−0.017	−0.003
	(−1.28)	(−0.23)
SIZEcommit	0.003	0.039
	(0.09)	(1.17)
INDEPcommit	0.151	0.179
	(1.18)	(1.55)
GCO	0.085	0.208***
	(0.96)	(3.34)
ABH	0.396***	0.471***
	(15.17)	(16.15)
FRBIG4	0.524***	0.590***
	(21.30)	(20.45)
行业	控制	控制

续表

变量	legal=1	legal=0
年度	控制	控制
Constant	3.908*** (19.14)	4.601*** (26.68)
N	6,190	6,550
R-squared	0.736	0.698
R^2_a	0.733	0.695
F	318.3	265.2

注：括号内为T值。***、**、*分别表示在1%、5%、10%水平上统计显著。

（2）稳健性检验

检验未实施内部控制审计的公司中法律风险在公司内部控制水平和内部控制审计收费中是否具有中介作用，检验结果如表6-8所示。内控水平（ICLevel）与审计费用（LnFee）不显著，而法律风险与公司内控水平显著正相关（p<0.01）。这说明未实施内控审计的公司中，审计费用主要由审计成本和保险费用构成。而保险性质费用主要由会计师对公司历史诉讼风险和监管处罚风险的认知构成，并不包含公司对公司内控水平的认知。因此，在未实施内控审计的公司中，法律风险对公司内控水平和审计收费并不构成中介作用。这也间接印证了内部控制审计可以增强会计师对公司内控水平的认知，增强对其所引起法律风险的认识，并产生审计费用溢价。

表6-8 未实施内控审计公司法律环境中介效应检验结果

	(1)	(2)	(3)
	LnFee	LITIRISK	LnFee
ICLevel	0.0050 (0.3658)	0.2334*** (8.9888)	−0.0037 (−0.2714)
LITIRISK			0.0372*** (4.3766)
FRBIG4	0.5540*** (13.7454)	−0.1257 (−1.6299)	0.5587*** (13.8898)
AUChange	−0.0658*** (−2.8129)	0.0982** (2.1924)	−0.0695*** (−2.9741)

续表

	(1)	(2)	(3)
	LnFee	LITIRISK	LnFee
SIZE	0.3647***	0.0117	0.3643***
	(41.4149)	(0.6946)	(41.4624)
ROA	−0.3944***	−1.5939***	−0.3352**
	(−3.0409)	(−6.4200)	(−2.5763)
AGE	0.0134	−0.0197	0.0141
	(0.8264)	(−0.6358)	(0.8737)
LEV	−0.0729	0.3780***	−0.0870*
	(−1.4224)	(3.8507)	(−1.6970)
GROWTH	0.0296**	0.0254	0.0287**
	(2.5423)	(1.1387)	(2.4668)
LIQUID	−0.0161***	−0.0040	−0.0159***
	(−5.5485)	(−0.7257)	(−5.5098)
Inventorasset	−0.1756***	−0.0588	−0.1734***
	(−3.0369)	(−0.5318)	(−3.0062)
Accountasset	0.2101***	−0.0275	0.2111***
	(3.1329)	(−0.2146)	(3.1557)
MB	0.0208***	0.0162*	0.0202***
	(4.4951)	(1.8282)	(4.3736)
CEOduality	0.0179	0.0735***	0.0152
	(1.3009)	(2.7881)	(1.1041)
SIZEcommit	−0.0624	0.0043	−0.0626
	(−1.5624)	(0.0560)	(−1.5701)
INDEPcommit	−0.1160	−0.1254	−0.1113
	(−0.8400)	(−0.4747)	(−0.8082)
GCO	0.1373	0.5372***	0.1173
	(1.5944)	(3.2597)	(1.3638)
ABH	0.2817***	0.0612	0.2794***
	(5.4101)	(0.6146)	(5.3790)
_cons	5.7969***	0.1951	5.7897***
	(26.6830)	(0.4691)	(26.7129)
Industry	Yes	Yes	Yes
Year	Yes	Yes	Yes
N	3685	3685	3685

续表

	（1）	（2）	（3）
	Ln*Fee*	LITIRISK	Ln*Fee*
adj. R²	0.527	0.082	0.529
F	93.2899	8.4173	92.1525

注：括号内为T值。***、**、*分别表示在1%、5%、10%水平上统计显著。

6.5　内部控制审计意见与法律风险

上一节基于实施内部控制审计与审计费用的关系检验了审计保险假说的存在，为内控审计的保险功能提供了一定证据。然而，2003年最高人民法院颁布了《关于审理证券市场因虚假陈述引发的民事赔偿案件的若干规定》（法释〔2003〕2号），为中国资本市场财务报告审计存在保险假说提供了法律依据。但多年来，一方面中国资本市场中因虚假陈述的财务造假事件层出不穷，而另一方面资本市场中鲜有因虚假陈述造成投资者损失而诉讼公司和事务所胜诉的案例发生[①]。我们认为可能的原因是：第一，投资者法律保护意识不足。普通投资者的注意力往往集中在上市公司而忽略了会计师事务所责任。第二，诉讼条件受限。投资人以自己受到虚假陈述侵害为由，必须依据有关机关的行政处罚决定或者人民法院的刑事裁判文书，对虚假陈述行为人提起民事赔偿诉讼。第三，资本市场并未实施有效的证券集体诉讼制度[②]。个人证券虚假陈述的司法诉讼程序漫长，而诉讼金额却并不多。因此，虽然我们从内控审计与审计费用的关系上找到了符合保险假说的证据，但并不能完全证实内控审计可以实现保险功能。我们认为会计师事务所会基于风险收益平衡的视角来权衡审计费用，而当公司面临外部风险，特别是发生法律诉讼和监管处罚

---

① 公开数据统计显示，2003—2018年发生的会计师事务所被投资者起诉、承担赔偿责任的事件总共不超过5起。

② 2019年新修订的《证券法》规定，投资者保护机构可以作为诉讼代表人，按照"明示退出""默示加入"的诉讼原则，依法为受害投资者提起民事损害赔偿诉讼，这被认定为中国特色的证券集体诉讼制度。

时，审计师在审计过程中会以更加谨慎的态度对公司进行审计。当公司面临风险时，审计保险假说的存在会使审计师更加审慎地执行必要的控制测试等审计程序，保持更高的谨慎性，从而增加公司被出具非标财务报告审计意见的可能（申慧慧等，2010）。

我们认为内控审计意见是审计师对公司内部控制状况的公允反映。随着公司法律风险增加，由于审计保险假说的存在，审计师也会出于风险责任规避考虑而出具相应的内控审计意见。因此，本节从内部控制审计意见与公司法律风险的关系上来进一步检验内控审计是否具有相关的保险功能。

6.5.1 研究假设与模型

当公司的法律风险水平较高时，依据保险假说和"深口袋"理论，审计师将部分或全部承担来自客户公司的风险，进而可能导致审计师在声誉和经济上的双重损失。因此，当公司法律风险过高时，审计师未来被诉讼的潜在风险越大。审计师会出于收益风险平衡考虑增加审计费用以弥补风险，并且在风险导向审计模式下，如果公司治理水平低下、存在内控缺陷，审计师会基于法律风险增加审计程序、扩大实质性测试的范围，对存在重大缺陷的公司出具非标审计意见来缓解自身的法律责任。此外，由于内控缺陷引起的违规处罚和诉讼仲裁会导致公司声誉受损、融资能力受到影响，甚至会导致因持续经营问题而引起法律风险。因此审计师不但会要求公司支付潜在的风险溢价费用，也会基于声誉和风险收益平衡而出具非标审计意见。

高法律风险水平的公司被出具非标内控审计意见，一方面可以为投资者披露公司的非财务报告信息，揭示公司因为存在重大内控缺陷而导致法律风险的可能，从而弱化公司的诉讼风险。另一方面，特别是在财务报告被出具标准无保留意见的情况下，非标内控审计意见可以通过预警的方式减轻公司和审计师的法律责任。

从我们的统计来看，自2011年内控审计实施以来，监管层对公司违规处罚有不断增长的趋势（见表6-9）。表6-9是2011—2018年沪深A股上市公司违规事项被处罚的数量，可看出监管层对公司违规处罚数量从2011年的492

起增加到了2017年最高的967起[①]。其中虚假记载和披露不实引起的违规处罚占到了60%以上。

表6-9 2011—2018年沪深A股上市公司违规事项被处罚的数量

年份	2011	2012	2013	2014	2015	2016	2017	2018
违规处罚数量/起	492	650	621	703	913	935	967	598

由于违规处罚是现行虚假披露诉讼成立的主要依据，因此我们认为目前公司的法律风险有不断增大的趋势。同时，内控审计作为一种公司内控缺陷的风险转移机制，审计师也理应更加审慎地出具内控审计意见，对可能由于内控缺陷引起法律风险的公司出具非标内控审计意见提示广大投资者。

基于以上分析，我们提出假设6-5。

假设6-5：审计师会对法律风险高的公司出具非标内控审计意见。

公司在收到非标内控审计意见后，在市场融资和监管的双重压力下会积极改进公司的内部控制，修正内部控制缺陷，从而降低相应的法律风险。由此我们提出假设6-6。

假设6-6：非标内控审计意见可以降低公司的法律风险。

对于假设6-5和假设6-6，我们分别采用模型（6-5）和模型（6-6）来研究内控审计意见与法律风险之间的关系：

$$LITIRISK = \beta_0 + \beta_1 ICAuditOpin + \beta_2 DEFICI + \beta_3 Invasset + \beta_4 Accasset + \beta_5 ROA \\ + \beta_6 CFOLW + \beta_7 GCO + \beta_8 AGE + \beta_9 AUChange + \beta_{10} BIG4 + \beta_{11} SIZEcommit \\ + \beta_{12} INDEPcommit + \beta_{13} CEOduality + \beta_{14} STATE + \sum Year + \sum Industry + \varepsilon_i$$

（6-5）

$$LITIRISK_t = \beta_0 + \beta_1 ICAuditOpin_{t-1} + \beta_2 DEFICI_t + \beta_3 Invasset_t + \beta_4 Accasset_t + \beta_5 ROA_t \\ + \beta_6 CFOLW_t + \beta_7 GCO_t + \beta_8 AGE_t + \beta_9 AUChange_t + \beta_{10} BIG4_t + \beta_{11} SIZEcommit_t \\ + \beta_{12} INDEPcommit_t + \beta_{13} CEOduality_t + \beta_{14} STATE_t + \sum Year + \sum Industry + \varepsilon_i$$

（6-6）

在模型（6-6）中 $ICAuditOpin_{t-1}$ 为滞后一期的内控审计意见。在内控审计意见模型中，控制了上市公司特征、事务所特征和公司治理特征类变量。

[①] 因公开统计的公司违规处罚事件信息公开的滞后性，2018年公布的数量暂少于2017年公布的实际发生的处罚事项。

我们还加入了内控缺陷披露（DEFICI）和产权性质（STATE），变量说明见表6–1。

6.5.2 检验结果

为了检验假设6–5和假设6–6，我们构建了模型（6–5）和模型（6–6），主要检验了内控审计意见与公司法律风险的关系，回归结果见表6–10。由表6–10 PanelA可见，内控审计意见（ICAuditOpin）与法律风险（LITIRISK）在1%水平上正相关。这说明在实施内控审计的公司中，审计师会对法律风险高的公司出具非标内控审计意见，因此假设6–5成立。此结果表明，审计师会出于公司和自身诉讼风险考虑出具内控审计意见。对高法律风险的公司，审计师会出具非标内控审计意见来为公司释放可能的诉讼风险，并缓解自身的法律责任。而PanelB中上期非标内控审计意见（$ICAuditOpin_{t-1}$）与法律风险（LITIRISK）的关系并不显著，这并不能说明公司被出具非标内控审计意见后对自身内部控制缺陷进行了改进，消除了相应的法律风险，因此假设6–6不成立。此外，控制变量中内控缺陷披露（DEFICI）、审计师变更（AUChange）、财务杠杆（LEV）、公司年龄（AGE）与非标内控审计意见显著正相关。资产回报（ROA）和产权属性（STATA）与法律风险显著负相关，与以往文献一致。

表6-10 法律风险与内控审计意见

变量	PanelA	PanelB
	LITIRISK	LITIRISK
ICAuditOpin	0.5084*** （13.7958）	
$ICAuditOpin_{t-1}$		−0.0170 （−0.4550）
DEFICI	0.0332** （2.2431）	0.0495*** （3.1219）
BIG4	−0.0404 （−1.4406）	−0.0388 （−1.2870）
AUChange	0.0408** （2.0252）	0.0560** （2.5280）

续表

变量	PanelA LITIRISK	PanelB LITIRISK
SIZE	−0.0569*** (−6.8805)	−0.0557*** (−6.1866)
ROA	−0.3546*** (−4.0810)	−0.7260*** (−6.8216)
AGE	0.1118*** (7.2451)	0.1277*** (7.7290)
LEV	0.5519*** (11.5945)	0.5728*** (11.1049)
GROWTH	0.0010 (0.5161)	0.0015 (0.7538)
LIQUID	0.0030 (1.3285)	0.0051** (2.0318)
Inventorasset	−0.0804 (−1.3115)	−0.1529** (−2.3030)
Accountasset	−0.0834 (−1.1564)	−0.0774 (−0.9731)
MB	−0.0291 (−0.7413)	−0.0706 (−1.6340)
CEOduality	0.0362** (2.0773)	0.0296 (1.5279)
SIZEcommit	0.0642 (1.5410)	0.0693 (1.5190)
INDEPcommit	−0.0498 (−0.3480)	−0.0392 (−0.2498)
GCO	0.1048 (1.5387)	0.2568*** (3.5223)
STATE	−0.1017*** (−6.1636)	−0.1224*** (−6.8435)
_cons	1.1983*** (6.2567)	1.2992*** (6.2007)
Industry	Yes	Yes
Year	Yes	Yes
N	12072	10141

续表

变量	PanelA	PanelB
	LITIRISK	LITIRISK
adj. R^2	0.123	0.117
F	41.2038***	32.8761***

注：括号内为Z值。***、**、*分别表示在1%、5%、10%水平上统计显著。

6.6 本章小结

内部控制审计是监管层为了规范公司内部控制、遏制公司舞弊行为产生的一项外部治理手段。作为一种审计治理机制，内部控制审计理应具备相应的信息价值和保险价值。本章内容以内部控制实施以来2011—2018年的A股上市公司为样本，基于审计保险理论，以公司审计费用和内控审计意见两个层次检验了内部控制审计的保险价值和功能。

研究发现，实施内部控制审计增加了公司的审计费用，公司存在内控缺陷意味着更高的审计费用。法律风险在内控缺陷与审计费用之间起到了部分中介作用，说明实施内控审计增强了审计师和公司对内控缺陷带来法律风险的认知。一方面，审计师通过提高审计费用来增强内控审计的保险价值；另一方面，公司希望通过内控审计来缓解自身的法律风险。从法律风险与内控审计意见的关系来看，内部控制审计师会对高法律风险的公司出具非标内控审计意见，同时非标内控审计意见并不能减少公司的诉讼。这说明审计师会出于公司法律风险和自身诉讼风险考虑对公司出具非标内控审计意见，通过非标内控审计意见为公司释放法律风险，同时也缓解自身的法律责任，此时内控审计的保险功能通过预警的方式减轻了公司及审计师的法律责任。但没有证据表明内控审计意见可以督促公司纠正内控缺陷，减少相应的法律风险。

同时我们发现，公司内部控制缺陷和会计师事务所规模会对内部控制审计的保险价值产生影响。对存在内部控制缺陷的公司实施内控审计可能导致更多的审计风险，从而提高审计师对公司内控缺陷产生诉讼风险的认知，表现为显著增长的公司审计费用。实施内控审计后，为了应对未来预期的诉讼风险损失，"四大"会计师事务所提高了审计收费。进一步分析发现，公司内部控制缺陷对审计保险价值的影响在不同法律环境下存在差异：在高法律风险环境地区，公司内部控制缺陷可以提高审计师对公司内控缺陷产生诉讼风险的认知，显著提高审计费用，但这种关系在低法律风险环境地区并不显著。

  审计的保险功能体现在资本市场中，只要法律法规要求审计师出具公允的审计意见就对审计报告的使用者负有保证责任。当审计师"未尽勤勉"违反这种保证责任并给利益相关者带来损失时，审计师就应对审计报告的使用者承担法律责任。长期以来，中国资本市场中的法律环境限制了股东诉讼会计师事务所的权利，公司内部控制缺少规范，舞弊行为难以有效遏制。近年来，随着中国金融市场改革的深化，对公司舞弊和内部控制问题的处罚力度大大加强，特别是公司被处罚决定成为金融诉讼案件立案的关键证据，从而加剧了公司因内控不力而承担的诉讼风险。因此，内部控制审计作为一种审计治理机制，其承担的保险价值在当前的法律环境下得到一定程度的体现。

  本章关于内控审计保险价值的研究也表明，审计的保险价值只有在健全法律环境中才能得到体现。因此，资本市场中的监管层必须完善相应的法律制度，消除法律环境的地区差异。只有这样，才能实现内部控制审计，规范公司内部控制，遏制公司舞弊行为的目标，更好地实现审计的保险功能。

7 内部控制审计质量与审计功能实现

7.1 本章研究背景与预期贡献

7.1.1 研究背景

前三章基于审计需求的代理理论、信息理论和保险理论，分别从内部控制审计的监督功能、信息功能与保险功能出发，检验了内控审计实施的功能实现和具体效果。结果表明，内部控制审计作为一种审计治理机制可以对公司实现一定的监督功能，具体表现为在一定程度上抑制财务报告重述和应计盈余管理行为。在信息功能实现上，内控审计意见向市场传达与财务报告和非财务报告舞弊的相关信息，非标内控审计意见也强化了非标财报审计意见的负向市场反应。在保险功能实现上，内控审计提高了市场的利益相关方对公司内控缺陷产生法律风险的认知，并通过内控审计意见缓解了审计师的法律责任。因此，从审计需求方的视角出发，内控审计的基本功能得到了一定程度的体现。接下来，本章从审计供给方的视角出发，来检验当前中国资本市场中内控审计质量与审计功能发挥的关系。

无论是美国的SOX法案还是中国的内部控制审计目标都是提高财务报告审计质量，遏制管理层的舞弊行为。虽然本书第4章研究结果表明，从内控审计的监督功能来看，与未实施内控审计的公司相比，实施内控审计可以降低财务报告重述和应计盈余管理行为。然而，在实施内控审计的公司中，内控审计质量的差异是否会对财务报告审计质量产生影响，内控审计中是否存在影响审计功能的意见购买行为，以及内控审计质量最终会受到哪些因素的影响，是本章具体研究的内容。

本章包含两部分内容，首先定义内部控制审计质量，并检验内控审计质量对财务报告信息质量的影响。接下来，通过检验的结果进一步分析其产生审计意见购买的原因，以及对内控审计功能的影响。

7.1.2 预期贡献

本章将基于审计供给的视角深入探讨内控审计质量对审计功能发挥的影响。挖掘内控审计质量差异对财务报告审计质量的影响，并检验公司所处的市场环境及其产权性质和治理特征等因素可能对内控审计质量的影响。同时，进一步分析影响公司内控审计质量差异的原因，以及可能的内控审计意见购买行为。本章的预期贡献如下：

第一，依据交叉检验的方法来对公司可能存在的内控缺陷进行判断，并依据可能的内控缺陷与实际的内控缺陷披露差异来对内控审计质量进行测度，检验内控审计质量对财务报告审计质量的影响。第二，根据公司市场环境、产权属性和公司治理特征等因素进一步分组检验内控审计质量对财务报告审计质量的影响。第三，分析市场中内控审计质量差异的原因，以及对当前市场中的内控审计意见购买行为及路径进行分析。第四，综合上述研究结果，对当前内控审计的功能实现进行综合分析评价。

下面将分为两个部分进行讲述。第一部分，我们根据第4章中关于内控审计监督功能实现的结果和内控审计的目标提出研究假设。通过交叉检验的方法来测度内控审计质量，并定义本章研究涉及的所有具体变量。根据研究假设设计相应的实证检验模型并进行检验。第二部分，根据内控审计实施现状分析可能的审计意见购买行为，采用Lennox（2000）的方法对内控审计意见购买行为进行测度和检验。最后，依据上述检验结果对内控审计质量进行评价，并对当前内控审计中存在的意见购买行为进行分析。

7.2 理论分析与研究假设

审计质量是学术界和实务界持续关注的话题，可靠的审计质量可以充分发挥审计监督、信息和保险功能。反之，在审计质量低劣或是存在审计意见购买的情况下，审计服务无法发挥其应有的功能。内控审计是监管层制定的一种保障信息质量的控制审计风险外部治理机制。这项制度的设计从公司治理的角度来说，内控审计可以对公司的内部控制起到监督作用，体现在对公司财务报告内部控制和非财务报告内部控制两个方面起到监督和治理作用。作为一种外部治理机制，内控审计通过识别修正公司内部控制缺陷来对公司内部控制形成监督机制，改善公司信息环境，从而使得财务信息质量得到提高。随着公司财务信息质量的改善，财务报告审计质量也必然会得到提高，从而实现审计服务功能并提高市场效率。

国外文献表明，在美国资本市场中，SOX法案的实施可以有效抑制盈余管理（Hossain，2011；Bartov and Cohen，2009；Cohen et al.，2008），提高会计信息质量（Singer and You，2011；Iliev，2010；Hanse et al.，2009）。但在美国资本市场中，SOX法案在设计之初曾因高昂的费用让其饱受诟病，迫使美国上市公司会计监督委员会（PCAOB）先后发布了第2号和第5号内控审计准则，旨在降低审计成本。然而，随着SOX法案的改进和实施年度的持续增加，Aobdia（2019）通过实务界和学术界认可的审计质量测度指标进行检验，研究发现没有充分的证据表明整合审计可以提高财务报告审计质量。Bhaskar（2019）通过比较可能的内控缺陷和实际披露缺陷的差异来对内控审计质量进行测度，表明在中小公司中整合审计和仅做财报审计的公司在审计质量上没有显著差异，且认为整合审计的信息集成问题会带来效率损失从而损害中小公司的审计质量。虽然我国国内也有文献认为，在中国资本市场中内控审计可以有效抑制盈余管理（方红星、金玉娜，2011），提高会计信息质量（雷英等，2013），但相关的研究在检验区间和变量选取上存在一定局限性[①]。对内控审计质量研究缺乏长时间窗口样本的检验，且在对内控审计质量的代理变量选择上存在差异。本书第4章结果表明，实施内控审计的公司可以减少财务重述并抑制应计盈余管理行为，但缺乏对实施内控审计公司中的内控审计质量

---

① 国内关于内控审计质量的样本选择往往采用1年或2年的样本区间，缺乏对长时间窗口内控审计质量的检验，且在对内控审计质量的代理变量选择上也存在差异。

进行分析和比较，缺乏从不同层面对内控审计质量的差异进行分析并找出影响内控审计质量的主要因素。内控审计质量是充分实现内控审计功能的必要条件，财务报告审计质量的提升离不开高质量的内控审计服务，因此必须从审计供给的角度来检验内控审计质量对审计功能实现的影响。

中国上市公司大多采用整合审计模式[①]，共同实施内控审计和财报审计服务。该模式具有"知识溢出效应"，可以获得信息资源共享带来的成本节约，并带来规模协同效应提高审计服务效率，使得财务报表审计质量得到提升（郑伟等，2015；方红星等，2016）。然而，我们认为"知识溢出效应"研究是基于审计费用增长的结论，并不能作为财报审计质量提升的直接证据。因为在公司聘请会计师事务所进行整合审计的情形下，审计师为客户提供内部控制审计服务所获得的大额报酬会使审计师对客户产生更多的经济依赖，导致对公司内部控制方面存在的问题甚至忽视财务报表的某些错误以至于对审计质量不会产生显著影响。而且现有研究也没有发现单独内控审计和整合内控审计在财报审计质量上存在显著差异，因此我们认为是否整合审计并不是决定内控审计能否提升财报审计质量的主要因素。从内控审计的功能和目的来看，高质量的内控审计可以提升财务信息质量从而达到提高财报审计质量的目标，而低质量的内控审计并不能对财报审计质量产生影响。基于以上分析，我们提出以下竞争性假设：

假设7-1a：在实施内控审计的公司中，内控审计质量越高对财报审计质量的提升作用越大。

假设7-1b：在实施内控审计的公司中，内控审计质量的差异并不能对财报审计质量产生显著影响。

7.3 研究设计

结合上文理论基础与研究假设，构建实证模型，并对回归结果进行分析和检验；然后根据上市公司产权性质、市场环境和公司治理特征等因素对内

---

① 我们统计的数据，整合审计模式占到所有实施内控审计公司的97%以上。

控审计质量与财报审计质量的关系进行研究；最后，为了保证研究结论的可靠性，进行稳健性和拓展性检验。

7.3.1 实证模型与变量定义

（1）内部控制审计质量的度量

为了测度内控审计质量，首先我们把公司披露的内控缺陷和内控审计中披露的内控缺陷作为实施内控审计定义为经内控审计后主动披露的内控缺陷。然后通过构建模型来估计公司存在内控缺陷的可能性。如果我们对公司内控缺陷的估计值和内控审计后的披露缺陷一致，则定义为高质量内控审计（H_ICAQ）；如果对内控缺陷的估计值和实际内控审计后披露缺陷数据不一致，则定义为低质量内控审计（L_ICAQ）。为了估计公司存在内控缺陷的可能性，我们采用Logist模型构建模型（7-1）（Skaife，2007；Collins and Kinney，2007；Doyle and McVay，2007b；Acito et al.，2015；Ge W et al.，2017）。通过对模型拟合出的存在内控缺陷的样本与实际内控审计后披露的缺陷进行对比，来区分不同的内控审计质量组别。

具体变量定义见表7-3。

$$Defi\_MW = \beta_0 + \beta_1 SIZE + \beta_2 AGE + \beta_3 SUB + \beta_4 ABH + \beta_5 Inventorasset + \beta_6 Accountasset + \beta_7 ROA + \beta_8 GROWTH + \beta_9 CFLOW + \beta_{10} LOSS + \beta_{11} MB + \beta_{12} INDEPcommit + \beta_{13} CEOduality + \beta_{14} SIZEcommit + \beta_{15} BIG4 + \beta_{16} AUChange + \beta_{17} Restatement + \beta_{18} STATE + \beta_{19} LIT + \sum Year + \sum Industry + \varepsilon_i$$

(7-1)

其中，$Defi\_MW$为是否披露或报告了公司存在的内控缺陷。基于现有研究，我们选择了公司层面的控制变量，包括公司规模（$SIZE$）、公司年龄（AGE）、上市公司子公司数量（SUB）、是否存在交叉上市（ABH）、产权性质（$STATE$）、应收占总资产比重（$Accountasset$）、存货占总资产比重（$Inventorasset$）、资产回报率（ROA）、年销售增长（$GROWTH$）、经营活动现金流占比（$CFLOW$）、公司是否发生亏损（$LOSS$）、市账比（MB）、公司诉讼（LIT）。在会计师事务所层面，我们选取的控制变量包括是否"四大"（$BIG4$）、是否发生内控审计师变更（$AUChange$）、当年发生过财务报告重述（Restatement）。表7-1显示了模型（7-1）的回归系数及显著性统计，其中ROC曲线系数为0.731，表明模型对内控缺陷的识别度在可接受范围内。我们使用机器学习中交叉检验（K-Fold）的方法来对模型进行拟合（Bhaskar, 2019）。机器学习算法其数据不受先验假设分布的约束，实践中样本拟合度更高（Joseph, 2009）。具体地，随机分为10组检验样本，并对包含年度和行业固定效应的90%的观测值（训练样本）进行迭代，根据估计系数和训练样本对内控缺陷的估计来区分内控审计质量的高低。我们认为预测概率最高的前1/5的公司可能在内控审计中发现内控缺陷，并将我们的预测值与实际的披露情况进行比较从而对内控审计质量的高低进行划分，详见表7-2。

表7-1 内控缺陷估计模型回归系数

变量	回归系数
SIZE	0.100*** （3.11）
AGE	0.394*** （5.35）
SUB	0.068** （2.05）
ABH	0.149 （1.40）
Inventorasset	−0.088 （−0.41）
Accountasset	−0.979*** （−3.42）
ROA	−1.470** （−2.26）
GROWTH	−0.075 （−1.55）
CFLOW	0.023 （0.06）
LOSS	0.341*** （3.32）
MB	−0.032* （−1.73）

续表

变量	回归系数
INDEPcommit	1.684***
	（3.39）
CEOduality	−0.435***
	（−6.77）
SIZEcommit	0.263*
	（1.83）
BIG4	−0.084
	（−0.79）
AUChange	0.113
	（1.43）
Restatment	−0.207***
	（−2.85）
STATE	0.572***
	（10.00）
LIT	0.151***
	（5.11）
行业	控制
年度	控制
Constant	−6.821***
	（−8.63）
Observations	12740
R^2_p	0.101
Chi^2	1173

注：括号内为Z值。***、**、*分别表示在1%、5%、10%水平上统计显著。

表7-2 高质量内控审计和低质量内控审计

内控审计披露缺陷		内控审计发现 存在内控缺陷	内控审计发现 不存在内控缺陷
存在缺陷 的可能性	可能存在缺陷	高质量内控审计（H1_ICAQ）	低质量内控审计（L1_ICAQ）
	不可能存在缺陷	低质量内控审计（L2_ICAQ）	高质量内控审计（H2_ICAQ）

（2）内控审计质量与财报审计质量

根据本书第4章的检验结果和现有文献，我们采用财务重述和应计盈余管理作为财报审计质量的代理变量，来测度内控审计质量与财报审计质量的关系。

① 使用公司是否财务重述测度财报审计质量，构建模型（7-2）来检验内控审计质量与财报审计质量的关系，详见模型（7-2）。

$$Restatement=\beta_0+\beta_1ICAQ+\beta_2SIZE+\beta_3AGE+\beta_4LOSS+\beta_5ROA+\beta_6QRATIO+\beta_7LEV\\+\beta_8AFEE+\beta_9KZ+\beta_{10}OneShareHold+\beta_{11}MB+\beta_{12}AUChange\\+\beta_{13}INSTPCT+\beta_{14}BIG4+\beta_{15}LIT+\sum Year+\sum Industry+\varepsilon_i$$

（7-2）

其中，$ICAQ$为内控审计质量，$SIZE$为公司规模，AGE为公司年龄，$LOSS$为公司是否亏损，ROA为资产回报率控制公司表现。速动比率（$QRATIO$）、财务杠杆（LEV）也被用来控制债务规模。使用审计费用（$AFEE$）表示审计资源的投入压力（Hogan and Wilkins, 2008; Lu et al., 2011; Seidel, 2017; Zhao et al., 2017）。此外，我们还选择机构投资者占比（$INSTPCT$）、第一大股东持股比率（$OneShareHold$）、审计师变更（$AUChange$）、是否"四大"（$BIG4$）、市账比（MB）、公司诉讼（LIT）、产权性质（$STATE$）作为控制变量。

② 应计盈余管理：使用修正的琼斯模型来计算应计盈余管理，并将其作为财报审计质量的代理变量，控制行业、年度构建模型（7-3）检验内控审计质量对财报审计质量的影响。

$$ABSDA=\beta_0+\beta_1ICAQ+\beta_2SIZE+\beta_3CFLOW+\beta_4LOSS+\beta_5GROWTH+\beta_6LEV+\beta_7SUB\\+\beta_8AGE+\beta_9ABH+\beta_{10}LIT+\beta_{11}ROA+\beta_{12}\Delta EPS+\beta_{13}INSTPCT+\beta_{14}MB\\+\beta_{15}BIG4+\beta_{16}AUChange+\beta_{17}KZ+\beta_{18}STATE+\sum Year+\sum Industry+\varepsilon_i$$

（7-3）

其中，$ICAQ$为内控审计质量。在控制变量选择上依据现有文献（Hribar and Nichols, 2007; Francis and Yu, 2009; Choi and Zang, 2010; Reichelt and Wang, 2010; Francis and Michas, 2013; DeFond, Erkens and Zhang, 2016）。选择公司规模（$SIZE$）、经营现金流量占比（$CFLOW$）、是否亏损（$LOSS$）、销售增长率（$GROWTH$）、财务杠杆（LEV）、公司子公司数目（SUB）和是否交叉上市（ABH）。此外，我们还选择了每股收益变化率（ΔEPS）、诉讼风险（LIT）、融资约束度（KZ）、产权性质（$STATE$）作为控制变量。

(3) 变量定义

本章模型中使用的变量及定义见表7-3所示。

表7-3 本章模型中使用的变量及定义

变量	变量名称	变量界定
$Defi\_MW$	内控缺陷披露	公司主动披露内控缺陷或内控审计披露缺陷为1, 反之为0
$ICAQ$	内控审计质量	内控缺陷披露估计值与实际值符合取1, 反之取0
DA	应计盈余管理	使用修正的琼斯模型来计算操控性应计取绝对值
$Restatement$	财务重述	当年发生过财务报告重述取1, 反之取0
$SIZE$	公司规模	期末总资产的自然对数
AGE	公司上市年龄	公司上市年数取自然对数
SUB	公司子公司个数	子公司个数取对数
ABH	是否交叉上市	交叉上市取1, 反之取0
$STATE$	产权属性	国有控股取1, 反之取0
$Accountasset$	应收占比	应收账款÷资产总额
$Inventorasset$	存货占比	存货÷资产总额
$CFLOW$	经营活动现金流占比	经营活动现金流量净额÷总资产
$LOSS$	是否亏损	当年净利润为负取1, 反之取0
MB	账面市值比	公司资产总额÷公司市值
LIT	公司诉讼	当年公司诉讼次数取对数
$FRBIG4$	四大审计	财务报告审计聘请"四大"
$AUChange$	审计师变更	当年发生过审计师变更取1, 反之取0
ROA	资产收益率	第i期期末营业利润÷期末总资产
LEV	财务杠杆	长期负债÷总资产
$GROWTH$	销售增长率	(本期销售收入–上期销售收入)÷上期销售收入
$QRATIO$	速动比率	速动资产÷流动负债
$AFEE$	审计费用	总审计费用取对数
KZ	融资约束度	指数越大, 融资约束度越高①
$OneShareHold$	股权集中度	第一大股东持股比率
$INSTPCT$	机构持股	机构投资持股比率
$Special\_Rev$	审计师行业专长[1]	事务所在该行业被审计客户的营业收入占该行业总体营业收入总规模的比重

① 借鉴Kaplan和Zingales (1997), 根据公司经营性净现金流、股利、现金持有、资产负债率以及Tobin's Q等财务指标构建融资约束指数。

续表

变量	变量名称	变量界定
Special_Asset	审计师行业专长	事务所在该行业被审计客户的资产规模占该行业资产总规模的比重
LARS	大股东持股比例	公司所有权计算的投票权利
Q	当期内部控制审计意见类型	如果为标准内部控制审计意见取0,非标取1
S	内部控制审计师变更	不变更内部控制审计师取0,变更内部控制审计师取1

7.3.2 样本选择

本章以沪深两市自2011年开始实施内控审计的所有上市公司为研究对象，以内部控制审计实施后2011—2018年为样本期间，并按照以下标准筛选公司：剔除金融类公司；剔除当年IPO或ST的上市公司；对于连续变量在1%以下和99%以上的样本进行Winsorize处理。本章的财务数据、内部控制审计数据、财务报告重述等方面的数据来自CSMAR数据库、WIND数据库和迪博数据库，其他相关及缺失数据的补充通过手工搜集自巨潮资讯网站，最终得到了12406个观测样本。

7.4 实证结果与分析

7.4.1 描述性统计

表7-4是变量的描述性统计结果。由表可知，目前A股上市公司中有37.7%的公司披露了内控缺陷，其中包含公司主动披露并经过审计师认可的内控缺陷以及审计师在内控审计报告中披露的内控缺陷之和。经过Kfold交叉检验后测试样本中存在内控缺陷的公司数量占比为14.9%。表7-5是内控审计质量分组描述统计结果，内控缺陷预测值与披露内控缺陷一致的共有2687家公司，其Restatement和DA的均值也高于其他三组，说明训练后测试样本集符合存在内控缺陷公司的特征。预测值与实际披露不一致的共有4208家公司。本

章涉及变量的相关系数表见附录C。

表7-4 主要变量描述性统计结果

变量	N	mean	sd	p25	p50	p75
Defi_ICA	12740	0.377	0.485	0	0	1
High_ICA	12740	0.149	0.356	0	0	0
Restatement	12740	0.184	0.388	0	0	0
SIZE	12740	22.47	1.373	21.55	22.30	23.27
AGE	12740	17.14	6.993	10	19	23
SUB	12740	23.47	38.39	6	13	27
ABH	12740	0.0422	0.201	0	0	0
STATE	12740	0.502	0.500	0	1	1
Inventorasset	12740	0.159	0.156	0.0575	0.118	0.199
Accountasset	12740	0.105	0.105	0.0240	0.0749	0.155
CFLOW	12740	0.0424	0.0803	0.00435	0.0426	0.0839
LOSS	12740	0.0987	0.298	0	0	0
MB	12740	0.640	0.251	0.449	0.647	0.834
LIT	12740	0.482	0.793	0	0	0.693
FRBIG4	12740	0.0761	0.265	0	0	0
AUChange	12740	0.187	0.390	0	0	0
ROA	12740	0.0520	0.0578	0.0268	0.0487	0.0789
LEV	12740	0.466	0.208	0.303	0.464	0.623
GROWTH	12740	0.296	3.372	−0.0295	0.0940	0.244
QRATIO	12740	1.547	1.685	0.636	1.042	1.729
AFEE	12740	13.93	0.728	13.46	13.82	14.29
KZ	12740	1.111	1.691	0.204	1.251	2.126
OneShareHold	12740	0.361	0.153	0.240	0.343	0.468
INSTPCT	12740	43.74	22.53	27.31	45.03	61.04
Q	12740	0.041	0.19714	0	0	0
Special_Rev	12740	0.069	0.071	0.0012	0.047	0.133
Special_Asset	12740	0.07	0.07	0.001	0.049	0.142

表7-5 内控审计质量分组描述统计结果

	E(DEF_MW)=1 & DEF_MW=1	E(DEF_MW)=0 & DEF_MW=0	E(DEF_MW)=1 & DEF_MW=0	E(DEF_MW)=0 & DEF_MW=1
Restatement	0.1944	0.2097	0.1502	0.20385
ABSDA	0.1385	0.0592	0.1049	0.0581
样本数量	2687	5845	918	3290

7.4.2 多元回归结果分析

表7-6是模型（7-2）的Logistic回归结果。当我们将财务重述（Restatement）作为财报审计质量的代理变量时，结果显示内控审计质量（ICAQ）与财务重述（Restatement）在1%的水平上显著正相关。此结果表明，在实施内控审计的公司中，高内控审计质量可以降低公司财务报告重述的发生，也说明高内控审计质量可以促进财务报告审计质量的提高；反之，内控审计质量越低财报审计质量也会降低。此结果支持了假设7-1a。在控制变量中，第一大股东持股比例（OneShareHold）、机构持股比例（INSTPCT）、审计费用（AFEE）和四大审计（FRBIG4）与财务重述（Restatement）显著负相关。公司年龄（AGE）、是否亏损（LOSS）、财务杠杆（LEV）、市账比（MB）、诉讼风险（LIT）与财务重述（Restatement）显著正相关，此结果与以往文献研究基本一致。

表7-6 模型（7-2）回归结果

变量	Restatement
ICAQ	−0.138***
	（−3.37）
SIZE	−0.052
	（−1.27）
AGE	0.007*
	（1.71）
LOSS	0.255***
	（3.00）
ROA	0.121
	（0.48）

续表

变量	Restatement
QRATIO	0.010 (0.83)
LEV	0.613*** (3.37)
AFEE	−0.101* (−1.70)
OneShareHold	−0.409** (−2.12)
KZ	0.015 (0.87)
MB	0.245* (1.67)
AUChange	0.092 (1.33)
INSTPCT	−0.004*** (−2.76)
FRBIG4	−0.472*** (−3.62)
LIT	0.169*** (5.54)
Industry	Yes
Year	Yes
Constant	0.726 (1.02)
Observations	12406
R^2_p	0.0403
Chi^2	439.6***

注：括号内为Z值。*表示$p<0.1$，**表示$p<0.05$，***表示$p<0.01$。

表7-7是模型（7-3）的回归结果，结果显示内控审计质量（ICAQ）与应计盈余管理（DA）负相关，但并不显著。在控制变量中，公司规模（SIZE）、资产回报率（ROA）、经营活动现金流占比（CFLOW）、是否亏损（LOSS）、上市公司子公司个数（SUB）、机构持股比率（INSTPCT）、融资约

束度（KZ）和产权性质（STATE）与应计盈余管理（DA）显著负相关。财务杠杆（LEV）、销售增长率（GROWTH）、公司子公司个数（SUB）、公司年龄（AGE）、诉讼风险（LIT）、每股收益变化率（ΔEPS）、融资约束（FC）、市账比（MB）和审计变更（AUChange）与应计盈余管理（DA）显著正相关。此结果符合假设7-1b，即在实施内控审计的公司中，内控审计质量差异并不会对财报审计质量产生影响。

以上将财务重述和应计盈余管理作为财务报告审计质量的代理变量时，我们发现实证检验的结论并不一致。高内控审计质量可以降低财务重述的发生，但对应计盈余管理活动并没有产生预期的抑制作用。此结果并不能为高质量内控审计提升财务报告审计质量的假设提供充分的证据，可能的原因是当前内部控制审计质量整体不高，内控审计通过改进公司内部控制水平、遏制管理层舞弊和会计盈余管理的路径来提高财报信息质量的作用并没有完全发挥。

表7-7　模型（7-3）回归结果

变量	DA
ICAQ	−0.0012 （−0.9789）
SIZE	−0.0023** （−2.1378）
CFLOW	−0.2682*** （−19.7751）
LOSS	−0.0013 （−0.4350）
GROWTH	0.0020*** （8.4467）
LEV	0.0856*** （14.6241）
SUB	−0.0049*** （−5.4752）
AGE	0.0010*** （7.3757）

续表

变量	DA
ABH	0.0027 （0.6434）
LIT	0.0037*** （3.7575）
ROA	−0.1321*** （−13.0522）
INSTPCT	−0.0000 （−0.7500）
ΔEPS	0.0002** （2.0834）
MB	−0.0478*** （−10.5023）
FRBIG4	−0.0038 （−1.1943）
AUChange	0.0076*** （3.4640）
KZ	−0.0133*** （−18.9531）
STATE	−0.0123*** （−6.7852）
_cons	0.1259*** （5.8169）
Industry	Yes
Year	Yes
N	12406
adj. R^2	0.144
F	46.3431***

注：括号内为T值。*表示 $p<0.1$，**表示 $p<0.05$，***表示 $p<0.01$。

7.4.3 进一步分析与稳健性检验

（1）进一步分析

内部控制审计在A股上市公司逐步实施，部分民营公司及中小规模公司的内部控制水平存在差异，公司治理结构也不尽相同。因此，我们采用模型

（7-2）并按照上市公司市值进行分组（按照公司市值从高到低分为四组），分别检验内控审计质量对公司财务报告质量的影响。检验结果如表7-8所示。按照公司市值升序排序后，在前50%和前75%的公司中，高内控审计质量（ICAQ）可以对公司财务报告质量（Restatement）起到积极作用；而在前25%的公司中内控审计质量差异并没有对公司财务报告质量起到应有的显著提升作用。

表7-8 公司市值分组检验结果

变量	Restatement	Restatement	Restatement
公司市值升序排序	前25%	前50%	前75%
ICAQ	−0.3819 (−1.4401)	−0.4618** (−2.5379)	−0.5069*** (−3.9583)
SIZE	0.0084 (0.0690)	−0.0509 (−0.6536)	0.0073 (0.1317)
AGE	0.0139 (1.4633)	0.0054 (0.8440)	0.0076 (1.5219)
LOSS	0.4198*** (2.7672)	0.4269*** (3.8305)	0.3700*** (3.9401)
ROA	0.3296 (0.9690)	0.0421 (0.1538)	0.0775 (0.2919)
QRATIO	0.0038 (0.2246)	0.0092 (0.6851)	0.0105 (0.8683)
LEV	0.7217** (2.2958)	0.6376*** (2.7114)	0.6577*** (3.2886)
AFEE	−0.1520 (−1.0050)	0.0647 (0.6402)	−0.0987 (−1.3333)
OneShareHold	0.1782 (0.4119)	−0.3536 (−1.2075)	−0.4040* (−1.7825)
KZ	−0.0130 (−0.3730)	−0.0092 (−0.3750)	0.0037 (0.1855)
MB	−0.4795 (−1.1449)	−0.1216 (−0.4747)	0.0643 (0.3376)
AUChange	0.0671 (0.4956)	0.0685 (0.7114)	0.0807 (1.0301)

续表

变量 公司市值升序排序	Restatement 前25%	Restatement 前50%	Restatement 前75%
INSTPCT	−0.0013 （−0.4505）	−0.0029 （−1.4504）	−0.0029* （−1.7478）
FRBIG4	−0.6057 （−0.7880）	−0.0043 （−0.0133）	−0.1128 （−0.5859）
LIT	0.2102*** （3.2064）	0.1706*** （3.8284）	0.2024*** （5.7637）
_cons	0.0426 （0.0163）	−1.0322 （−0.6436）	−0.4648 （−0.4202）
Industry	Yes	Yes	Yes
Year	Yes	Yes	Yes
N	2494	5331	8331
pseudo R^2	0.039	0.036	0.034
Chi^2	99.0905	189.7143	279.7010

注：括号内为Z值。*表示$p<0.1$，**表示$p<0.05$，***表示$p<0.01$。

（2）稳健性检验

① 分别采用公司内控缺陷披露和公司法律诉讼次数（$t–1$期）作为内部控制审计质量的代理变量进行稳健性检验。检验结果表明，公司内控缺陷披露与财务报告质量显著正相关，诉讼风险与财务报告质量显著负相关，而按公司市值分组结果检验后前25%小市值公司的检验结果并不显著。结果与主检验和进一步分析中的结果一致，表明高内控审计质量可以提高公司财务报告质量，但在小市值公司中的作用并不明显。

② 在机器学习的方法中其预测因子较多，预测函数的形式更加灵活；且数据不受先验分布假设的约束，因此在公司舞弊预测中新兴了机器学习的算法。我们通过机器学习中决策树（C5.0算法）和人工神经网络（ANN算法）对公司舞弊进行预测，根据预测值与内控缺陷披露（DEFI_ICA）结合比较构建内控审计质量评价方法（ICAQ），并采用模型（7-2）进行检验，结果与主检验结论保持了一致性。

7.5 内部控制审计意见购买

上一节的检验结果说明，内控审计质量并未完全对提高财务报告审计质量起到充分的作用。这也说明了当前通过内控审计提高财务信息质量的路径具有一定的局限性。我们认为可能的原因是：首先，对于外部投资者和监管者来说，由于内部控制审计属于行为过程审计，其审计过程和审计意见的形成都难以观测。公司的内部控制审计意见比财务报告审计意见更具不可预测性。因此，内控审计质量的高低难以进行直接量化和评价。其次，一方面，依据第4章检验结果，与未实施内控审计的公司相比，实施内控审计并未对公司违规处罚和真实盈余管理起到监督作用，说明内控审计并未充分遏制公司管理层的机会主义行为。另一方面，依据第5章的检验结果，非标内控审计意见又具有显著的负向市场反应，因此公司会基于监管和融资压力来寻求对自身有利的内部控制审计意见。最后，第6章的检验结果说明，内部控制审计的信息成本和保险价值促使审计师和公司间产生了更多的经济依赖关系，而长期以来中国审计市场需求较弱，审计师出于经济理性和行业竞争的考虑都会为公司进行审计意见购买活动提供便利。

7.5.1 研究假设与模型

在财务报告审计中，监管层、实务界及学术界都认为在特定环境下公司存在审计意见购买的动机。当公司预感到将会被当前审计师出具不利审计意见时，就会考虑如何通过变更审计师来改善审计意见（Lennox，2000；Ettredge et al.，2011）。同样，因为资本市场对重大缺陷的披露有负面的市场反应（Hammersley et al.，2008；Skaife et al.，2009），公司会考虑如何面对内部控制审计意见带来的负面反应，例如如何面对集体诉讼和SEC要求的财务重述（Rice et al.，2014）。同样，我们认为当公司披露内部控制缺陷和出具非标内部控制审计意见带来的利益损失高于其进行审计意见购买所承担的风险时，就会进行意见购买活动；特别是当这种风险难以被监管层发现时，更会促使公司管理层进行审计意见购买活动。

在中国的内部控制审计中，由于内部控制重大缺陷认定标准尚不够明确，关于重大缺陷的认定相对模糊，基于现有的《企业内部控制审计指引》《企业内部控制评价指引》和中国会计师事务所的现状，我们可以推定当出现以下两种情况时会发生内部控制审计意见购买：第一，审计师掌握充足认定公司内部控制重大缺陷的证据且完全符合《企业内部控制审计指引》中的认定标准，在这种情况下基于经济利益的考虑而出具了清洁的内部控制审计意见。第二，审计师缺乏内部控制审计经验和行业专业知识，并且基于审计成本的考虑而没有进行充分的内部控制审计程序并在掌握充足的证据情况下出具清洁内部控制审计意见。这两种情况均构成内部控制审计意见购买行为。我们考虑当前监管层重点关注的审计师变更行为，中注协2017年和2018年连续两年约谈会计师事务所，并提示在审计师变更过程中可能存在的审计风险，提示重点关注公司管理层舞弊风险和确保充足的审计资源投入。

基于以上分析和财务报告审计意见购买的经验研究，本书提出假设7-2。

假设7-2：上市公司会通过审计师变更来进行内部控制审计意见购买活动。

以往的研究表明，出具非清洁财务报告审计意见的审计师发生变更行为的概率与第一大股东的持股比例显著正相关（张文杰等，2006）。审计师行业专长对审计变更的抑制作用在国有产权性质的上市公司中更为显著（常京萍、候晓红，2014），也有文献表明上市公司和审计师之间的"审计合谋"在国有企业更为严重（张敏等，2012）。同时，国有控股企业和非国有控股企业在内部和外部监督机制上存在差异，国有企业同时接受会计师事务所审计和国家及地方政府审计两种形式，因此我们认为国有控股公司的内部监督机制应更加完善。鉴于证监会、财政部在2012年首先要求在国有控股企业中强制实施内部控制审计，而对非国有控股企业的内部控制审计监管相对滞后，因此，我们可以认为非国有控股企业的内部控制审计需求要弱于国有控股企业，基于以上考虑我们提出假设7-3。

假设7-3：非国有控股企业的内部控制审计意见购买活动更加显著。

根据《企业内部控制审计指引》，财务报告内部控制重大缺陷和非财务报告重大缺陷均可以构成非标内部控制审计意见。这就要求审计师具有更高的行业从业经验来发现并评估公司的内部控制缺陷，即审计师具有更高的审计行业专长，可以依据公司的行业特点和内部管理流程准确地评估公司的内部控制状况。已有研究表明，审计师行业专长能够体现审计师的专业胜任能力，使审计师更准确地评估审计报告的公允性（Balsam et al.，2003；蔡春、鲜文铎，2007）。同样，我们认为具有行业专长的审计师更具有发现并正确评价公司内部控制缺陷的能力。同时，为了利用行业专长赚取准租金，审计师也会考虑由于出具虚假内部控制审计意见而可能带来的监管处罚和诉讼风险。因此，具有行业专长的审计师也具有更高的独立性。基于以上考虑，我们提出假设7-4。

假设7-4：高审计行业专长的审计师可以抑制公司的内部控制审计意见购买活动。

本书参考Lennox（2000）模型来衡量公司是否进行了内部控制审计意见购买。该模型的设计考虑到两个方面的情况：第一，公司考虑到现任审计师不易进行妥协，且认为变更审计师后可以得到符合自身利益的审计意见。第二，公司认为现任审计师可以出具符合自身利益的审计意见，则会续聘该审计师。这两种情况均会发生审计意见购买。我们认为，公司的内部控制审计意见购买同样适用于以上两种情况。本书利用非标内部控制审计意见模型去估计公司变更审计师并且收到非标内部控制审计意见的可能概率（P_1）和同一公司不变更审计师并且收到非标内部控制审计意见的可能概率（P_0）。如果P_1小于P_0，则公司就有变更审计师而获得有利内部控制审计意见的可能及行为，且这种审计师变更行为意味着公司存在内部控制审计意见购买。因此，公司对审计师变更后能够实现审计意见购买的判断是依据上一期的审计意见和公司自身的内部控制缺陷而做出的。为了估计上市公司对第t期审计意见的估计，我们采用如下Probit模型：

$$Q_{it}^{qs}=\beta_0+\beta_1 S_{it}+\beta_2 X_{it}+\beta_3 X_{it}S_{it}+\beta_4 X_{it}Q_{it-1}+\beta_5 Q_{it-1}S_{it}+\varepsilon_{it} \quad (7-4)$$

其中，Q_{it}^{qs}表示内部控制审计意见类型：$Q_{it}^{qs}=1$表示非清洁内部控制审计意见，$Q_{it}^{qs}=0$为清洁内部控制审计意见。Q_{it-1}表示上期内部控制审计意见类型：$Q_{it-1}=1$表示非清洁内部控制审计意见，$Q_{it-1}=0$为清洁内部控制审计意见。S_{it}表示审计师是否变更：$S_{it}=1$表示变更，$S_{it}=0$表示保留。X_{it}为控制变量，表示公司t年度的财务和内部控制状况。根据公司第t期的财务和内部控制状况以及审计师变更行为，利用模型（7–4）对第t期的内部控制审计意见进行估计，可以得到估计的第t期的内部控制审计意见：

$$\hat{Q}_{it}^{qs}=\beta_0+\beta_1 S_{it}+\beta_2 X_{i,t}+\beta_3 X_{i,t}S_{i,t}+\beta_4 X_{i,t}Q_{it-1}+\beta_5 Q_{it-1}S_{i,t}+\varepsilon_{it} \quad (7\text{–}5)$$

$$S_{it}=\lambda_0+\lambda_1(P(Q_{it}^{q1}=1)-P(Q_{it}^{q0}=1)) \quad (7\text{–}6)$$

如果公司在t期收到了非清洁内部控制审计意见，则根据模型（7–5）利用Probit模型，我们可以分别得到公司变更审计师条件下的清洁内部控制审计意见的概率$P（Q_{it}^{q1}=1）$和不变更审计师条件下得到非清洁的内部控制审计意见的概率$P（Q_{it}^{q0}=1）$，并计算出公司变更与不变更审计师两种情况下的被出具非标内部控制审计意见的概率之差［$P（Q_{it}^{q1}=1）–P（Q_{it}^{q0}=1）$］，以下简称IC_SHOP。然后运用模型（7–6）进行Probit回归就可以检验上市公司变更审计师的目的是否出于内部控制审计意见购买的考虑（IC_SHOP为变更审计师后被出具非清洁意见的概率与不变更审计师被出具清洁意见的概率之差，如果IC_SHOP的符号λ_1显著为负，则说明上市公司变更审计师是为了进行内部控制审计意见购买活动），从而可以验证假设7–1。为了验证假设7–2和假设7–3，我们使用模型（7–6）对样本按照内部控制水平和企业性质进行分组检验。变量定义及界定见表7–3。

7.5.2 检验结果

表7–4列示了本书全样本的描述性统计结果。结果显示非清洁内部控制审计意见均值（中位数）为0.037（0），内部控制审计师变更的均值（中位数）为0.098（0），滞后一期的非清洁内部控制审计意见均值（中位数）为0.03（0）。是否为国有控股公司均值（中位数）为0.466（0）。"四大"内部控

制审计均值为 0.062，说明目前国内公司内部控制审计业务主要由国内事务所完成。描述性统计的结果也表明内部控制审计师变更的比例高于非清洁内部控制审计意见占总意见类型的比例。

表7-9中Panel A报告了模型（7-6）的回归结果，其中被解释变量是公司的内部控制审计师变更（S_{it}）。模型（7-3）的回归结果表明，上市公司获得非清洁内部控制审计意见的概率之差 $[P(Q_{it}^{q1}=1)-P(Q_{it}^{q0}=1)$，简称为 $IC\_SHOP]$ 的估计系数为 -1.707（$p<0.01$）。此结果可以解释为，公司变更内部控制审计师获得非清洁内控审计意见的概率小于公司不变更内部控制审计师而获得非清洁内部控制审计意见的概率；也可以解释为，若上期内控意见是非清洁的，则公司可以通过变更内控审计师以获得清洁的内部控制审计意见。该结果表明，为了获得清洁内部控制审计意见，上期被出具非清洁内部控制审计意见的公司会通过内部控制审计师变更来实现内部控制审计意见购买。该结果印证了假设7-1即公司会通过变更审计师来获得有利的内部控制审计意见从而实现内部控制审计意见购买的活动。

我们对不同性质的公司进行分组检验（按照股权分离度对国有企业、非国有企业进行分组），Panel B的结果显示国有控股企业组中 IC_SHOP 的估计系数为 -1.074（$p>0.1$），而非国有控股企业组中 IC_SHOP 的估计系数为 -2.899（$p<0.01$）。此结果显示，在非国有控股企业中的内部控制审计意见购买活动显著，而在国有企业中的内部控制审计意见购买行为并不显著。此结果印证了假设7-2。

为了检验审计行业专长对公司进行内部控制审计意见购买行为的影响，我们根据审计师行业专长对公司进行分组（根据 $Special\_Asset$、$Special\_Rev$ 的中位数对公司进行分组）。Panel C中依据 $Special\_Asset$ 的分组检验结果显示，高行业专长组中 IC_SHOP 的估计系数为 -2.131（$P<0.1$），低行业专长组中的 IC_SHOP 估计系数为 -1.587（$0.01<P<0.05$）。两组系数的 Chi^2 值为 0.25（$P>0.60$）。同样在依据 $Special\_Rev$ 的分组检验结果中，高行业专长组中 IC_SHOP 的估计系数为 -2.211（$P<0.1$），低行业专长组中的 IC_SHOP 估计系数为 -1.640（$0.01<P<0.05$）。两组系数的 Chi^2 值为 0.27（$P>0.61$）。以上结果表明，高行业专长组和低行业专长组中 *IC_SHOP* 的估计系数不显著，故假设7-3不成立。这个结果让我们直观上认为，公司进行内部控制审计意见购买活动不受审计行业专长高低的影响。

表7-9 模型（7-6）回归结果

	PanelA	PanelB		PanelC			
		国有控股	非国有控股	高行业专长	低行业专长	高行业专长	低行业专长
				Speciel_Asset		*Special_Rev*	
IC_SHOP	−1.707*** （−3.54）	−1.074 （−1.68）	−2.899*** （−3.80）	−2.131*** （−3.11）	−1.587** （−2.28）	−2.211*** （−3.18）	−1.640** （−2.39）
SIZE	−0.022 （−0.99）	0.018 （0.59）	−0.106*** （−2.87）	−0.005 （−0.15）	−0.048 （−1.35）	−0.018 （−0.58）	−0.029 （−0.88）
LEV	0.309** （2.51）	−0.016 （−0.09）	0.640*** （3.61）	0.413** （2.29）	0.240 （1.38）	0.504*** （2.69）	0.190 （1.13）
GROWTH	0.381*** （5.85）	0.361*** （3.26）	0.389*** （4.59）	0.415*** （4.40）	0.351*** （3.81）	0.449*** （4.58）	0.324*** （3.62）
ROA	−0.864** （−2.03）	1.737*** （−2.73）	−0.247 （−0.41）	−0.498 （−0.81）	−1.203** （−1.98）	−0.315 （−0.50）	−1.385** （−2.34）
CASH	−0.151 （−0.55）	0.112 （0.28）	−0.393 （−1.04）	−1.071*** （−2.66）	0.707* （1.84）	−1.059** （−2.56）	0.636* （1.69）
SUB	−0.134*** （−4.64）	0.143*** （−3.55）	−0.097** （−2.21）	−0.184*** （−4.60）	−0.104** （−2.41）	−0.165*** （−3.99）	−0.128*** （−3.07）
LARS	0.475*** （3.62）	0.828*** （3.91）	0.196 （1.08）	0.404** （2.20）	0.599*** （3.10）	0.437** （2.32）	0.582*** （3.08）
年度	控制	控制	控制	控制	控制	控制	控制
行业	控制	控制	控制	控制	控制	控制	控制
Constant	−0.657 （−1.48）	−1.513** （−2.53）	1.061 （1.42）	−1.230** （−2.03）	0.177 （0.25）	−1.074* （−1.69）	−0.156 （−0.23）
Chi^2				0.25（P>0.60）		0.27（P>0.61）	

注：括号内为Z值。***、**、*分别表示在1%、5%、10%水平上统计显著。

7.5.3 进一步分析

前面的实证分析认为公司会为了获得有利的内部控制审计意见而进行内部控制审计意见购买，而进行内部控制审计的审计师应具有更丰富的行业从业经验，能够识别评价财务报告和非财务报告重大缺陷。但假设7-3的结果并不支持高审计行业专长的审计师可以抑制公司的内部控制审计意见购买。审计师行业专长的高低不会影响公司进行内部控制审计意见购买活动。

然而，审计师变更后也可能由于继任内部控制审计师更高的内部控制专业知识和修复内部控制缺陷的能力从而纠正了公司的内部控制缺陷，继而获得了有利的内部控制审计意见。为了排除这一潜在因素影响，本章验证公司审计师变更为高行业专长审计师后内部控制缺陷是否会减少并得到修复。本章构建模型（7-7）进行检验。因变量 $Totalmw$ 表示内部控制缺陷披露数量，$Remediate$ 表示内控缺陷是否得到整改。调节项 $Nextspecial$ 表示被出具非清洁内部控制审计意见后继任内部控制审计师为具有高行业专长的审计师，表示审计师的内部控制审计专业知识和修复缺陷能力得到加强[①]。

$$Totalmw_{it}=\beta_0+\beta_1 S_{it}+\beta_2 Nextspecial_{it}+\beta_3 S_{it}\times Nextspecial_{it}+\beta_4 Remdiate_{it}+\beta_5 Size_{it}+\beta_6 Lev_{it}+\beta_7 Growth_{it}+\beta_8 Roa_{it}+\beta_9 Cash_{it}+\beta_{10} Sub_{it}+\beta_{11} State_{it}+\beta_{12} Lars_{it}+\sum Year+\sum Industry+\varepsilon_{it}$$

（7-7）

表7-10 模型（7-7）回归结果

变量	(1) Totalmw	(2) Totalmw
S	0.010 (0.60)	0.010 (0.61)
Nextspecial_Rev	−0.074 (−1.27)	
S × Nextspecial_Rev	−0.001 (−0.00)	
Nextspecial_Asset		−0.071 (−1.17)

① $Totalmw$ 为上市公司在内部控制评价中披露的内部控制缺陷个数取对数，没有缺陷的取0。$Remediate$ 为内控缺陷是否得到整改，如已整改表示为1，反之为0。$Nextspecial$ 为上期被出具非清洁内部控制审计意见后继任内部控制审计师为高行业专长时取1，反之取0。

续表

变量	(1) Totalmw	(2) Totalmw
$S \times Nextspecial\_Asset$		−0.004 (−0.03)
$Remediate$	−0.145*** (−6.92)	−0.146*** (−6.94)
Controls	控制	控制
年度	控制	控制
行业	控制	控制
截距项	−0.040 (−0.82)	−0.040 (−0.82)
样本量	9473	9473

注：括号内为T值。***表示p<0.01，**表示p<0.05，*表示p<0.1。

结果显示，内部控制缺陷数量（$Totalmw$）与审计师变更（S_{it}）和出具非清洁意见后变更为高行业专长的审计师（$Nextspecial\_Rev$、$Nextspecial\_Asset$）以及交互项（$S \times Nextspecial\_Rev$、$S \times Nextspecial\_Rev$）的系数均不显著。这表明上期被出具非标内部控制审计意见的上市公司变更为高行业专长的审计师后并不能减少公司内部控制缺陷数量。同时，内部控制缺陷数量（$Totalmw$）与内部控制缺陷整改（$Remediate$）显著负相关（p<0.01），与产权属性（$State$）显著正相关（p<0.01）。这表明公司的内部控制缺陷修复后内部控制缺陷数量才会减少。国有企业披露了更多的内部控制缺陷。以上分析表明，被出具非标内部控制审计意见的上市公司，并不能通过变更高行业专长的审计师来减少内部控制缺陷。这也再次表明，审计师行业专长的高低不会影响公司进行内部控制审计意见购买活动。我们的发现进一步佐证了公司会进行内部控制审计意见购买活动，并通过审计师变更来获得有利内控意见，在这个过程中公司的内部控制缺陷不会发生改变。高审计行业专长的审计师并不能利用其行业经验帮助公司修复减少内部控制缺陷，最终说明内部控制审计师很难抑制公司的内部控制审计意见购买行为。

7.5.4 稳健性检验

① 为了增强研究结论的稳健性,我们使用 $\hat{Q}_{it}^{q1}-\hat{Q}_{it}^{q0}$(简称 IC_SHOPS)替代 IC_SHOP。构造模型(7-8)来验证上述假设(因为 IC_SHOP 是两个 0 到 1 之间的概率值之差,我们使用符合正态分布的拟合值 $\hat{Q}_{it}^{qs}$ 进行检验):

$$S_{it}^{*}=\beta_0+\beta_1 OP\_SHOPS+\beta_2 X_{it}+\varepsilon \tag{7-8}$$

表 7-11 报告了模型(7-8)的回归结果。其中,被解释变量是公司的内部控制审计师变更(S_{it})。模型(7-8)的回归结果表明,IC_SHOPS 即 $\hat{Q}_{it}^{q1}-\hat{Q}_{it}^{q0}$ 的估计系数为 -17.310($p<0.01$)。这表明我们用预期内控审计意见的拟合值之差作为内部审计意见购买活动的替代变量后结论仍然成立,即公司会进行内部控制审计意见购买活动。在企业性质组中,国有控股企业估计系数为 -8.826($p<0.01$),而非国有控股企业估计系数显著为 -11.591($p<0.01$),Chi^2 值为 4.93($0.01<p<0.05$)。这说明在非国有控股企业组中,公司的审计师变更行为更可能是为了获得有利的内控审计意见。此检验结果和我们的模型(7-3)实证结论一致,进一步证实了在中国内部控制审计中存在内控审计意见购买活动,且在非国有控股企业中更加显著。

表 7-11 模型(7-8)检验结果

	PanelA	PanelB	
		国有企业	非国有企业
IC_SHOPS	-17.310*** (-47.48)	-8.826*** (-24.89)	-11.591*** (-30.58)
Constant	-3.129*** (-5.75)	-2.375*** (-4.26)	-0.244 (-0.32)
controls	控制	控制	控制
年度	控制	控制	控制
行业	控制	控制	控制
Chi^2		4.93**	
Observations	8108	3962	4146

注:括号内为 Z 值。***、**、* 分别表示在 1%、5%、10% 水平上统计显著。

② 由于中国的大部分上市公司在财务报告和内部控制审计中采用的是整合审计模式，为了控制财务报告审计意见对本章结论的影响，本章增加上一年度财务报告审计意见这一变量。首先，我们移除因上一年度被出具非标财务报告审计意见而进行审计师变更的公司样本，我们的结论并未发生变化[①]。其次，我们在模型（7-3）中加入财务报告审计意见购买变量（*FR_SHOP*）[②]，结果显示审计师变更与 *IC_SHOP* 的系数仍显著为负（$0.01<p<0.05$），但与 *FR_SHOP* 的系数并不显著（$p>0.1$）。这说明在控制了财务报告审计意见购买的因素后，仍会发生内部控制审计意见购买活动。最后，本章考虑企业集团统一审计师这一因素对审计师变更的影响，我们在移除集团统一审计这一因素的影响后本章结论依然成立。

③ 考虑到现有行政监管对内部控制审计意见的影响，由于公司违反和不符合《企业内部控制基本规范》和《企业内部控制应用指引》的要求而受到证券监管部门（证监会和地方证监局）和证券交易所（上海证券交易所和深圳证券交易所）处罚和收到整改通知的公司样本（121个）。我们在模型（7-3）中增加行政处罚这一控制变量，并进行分组检验后结论并未发生变化，说明目前中国公司内部控制规范领域的行政监管并未对内部控制审计意见购买活动产生影响。

7.6 本章小结

本章以2011—2018年沪深两市实施内控审计的A股上市公司为研究对象，实证检验了内控审计质量对财务报告审计质量的影响。结合第4章和第5章的结论检验了存在于资本市场中，影响审计功能发挥的审计意见购买问题。通过以上两部分检验结果，本章得出如下结论：

① 内部控制审计质量越高，公司发生财务重述的可能性越低，且这种影响在不同产权性质的公司中存在差异。内部控制审计质量差异并不会对公司

---

① 限于篇幅，此部分稳健性检验的实证数据结果在此省略，如有需要可联系作者。
② *FR_SHOP* 的计算步骤与 *IC_SHOP* 相同。

应计盈余管理活动产生影响。在小市值规模的公司中,高内控审计质量并不能显著提升财务报告审计质量。内部控制审计通过提高财务信息质量从而提升财报审计质量的治理效果还不够充分。② 内部控制审计质量影响了审计监督功能的发挥,检验结果说明内控审计中存在审计意见购买活动。上市公司会通过审计师变更来实现内部控制审计意见购买。相比国有控股企业,非国有控股企业更倾向于进行内部控制审计意见购买。进一步分析发现,内部控制审计意见购买行为并不受审计行业专长的影响,高审计行业专长不能帮助上市公司减少并整改内部控制缺陷,从而说明审计师难以抑制公司的内部控制审计意见购买行为。我们的研究也表明,由于上市公司有足够的动机去进行内部控制审计意见购买活动,并在当前的审计市场环境下获得有利的内部控制审计意见,上市公司难以依靠审计师的专业知识和缺陷修复能力来帮助其减少自身实际的内部控制缺陷。因此,监管层不能从上市公司内部控制审计意见的改善来判断公司内部控制缺陷是否得到整改。③ 内控审计中存在意见购买的原因有:第一,对于外部投资者和监管者来说由于内部控制审计属于行为过程审计,其审计过程和审计意见的形成都难以观测。公司的内部控制审计意见比财务报告审计意见更具不可预测性。因此,内控审计质量的高低难以进行直接量化和评价。第二,从第4章和第5章的检验结果来看,一方面,与未实施内控审计的公司相比,实施内控审计并未对公司违规处罚和真实盈余管理起到监督作用,说明内控审计并未充分遏制公司管理层的机会主义行为。非标内控审计意见可以揭示未来的内控风险,但公司并没有在短期积极纠正内控缺陷。另一方面,非标内控审计意见又具有显著的负向市场反应,因此公司会基于监管和融资压力来寻求对自身有利的内部控制审计意见。第三,第6章的检验结果说明,内部控制审计的信息成本和保险价值促使审计师和公司间产生了更多的经济依赖关系,而长期以来中国审计市场需求较弱,审计师出于经济理性和行业竞争的考虑都会为公司进行审计意见购买活动提供便利。④ 目前在内控审计功能发挥中,审计信息功能相对于监督功能和保险功能的作用更加显著,监督和保险功能有待提升。提高内控审计质量是充分发挥内控审计监督和保险功能的必然选择。只有充分提升内控审计质量,并加强监管举措,才能充分实现内容审计的各项功能,最终达到提升财务报告审计质量遏制管理层机会主义行为的治理目标。

综上所述,在中国的资本市场中内控审计发挥了其应有的审计功能,同时也存在一定的局限性。内控审计的监督功能抑制了公司财务会计差错的发生和应计盈余管理行为,但并未充分抑制公司的真实盈余管理和监管违规等机会主义行为。内控审计的信息功能促使公司对自身的内部控制进行修正和优化,向市场传递积极的信息,相应地提高了市场经济效率。同时,内控审计意见具有负向市场反应,促使公司在监管和融资压力下寻求对自身有利的内控审计意见。内控审计的保险功能促使公司和审计师之间产生了更多的经济依赖,建立了内控缺陷和法律风险之间的联系,降低了公司和审计师的法律责任,体现出相应的保险价值。

内控审计监督功能的不足反映出当前内控审计质量对审计功能的影响。公司在融资需求和监管压力下寻求有利的内控审计意见,保险功能产生的更多经济依赖和内控审计意见的不可预测性使得管理层有充分的动机和机会进行内控审计意见购买活动。内控审计意见购买的存在也反映出审计行业能力专长的不足,以至于在内控审计中审计师对公司存在的内控缺陷不能及时有效地整改和修正,难以抑制审计意见购买行为。同时,公司产权性质差异,使得非国有企业在面临更高的融资压力时,更倾向于进行内控审计意见购买。市场中的内控审计意见购买活动损害了内控审计质量,以致内控审计的功能发挥并不充分。

结合第4章的结论,我们认为当前阶段实施内控审计虽然对公司内部控制和会计信息质量起到了一定的监督和提高作用,然而,一方面,内控审计需求方由于公司存在内控缺陷从而抑制了内控审计发挥相应的监督功能,公司也未能及时纠正内控缺陷。另一方面,内控审计供给方由于市场竞争、审计师行业专长和审计压力的限制导致内控审计质量不高,甚至出现内控审计意见购买行为。因此,在现阶段,中国资本市场中内控审计及其审计质量对保障会计信息质量和财务报告审计质量的作用相对有限。

8

研究结论和政策建议

8.1 主要研究结论

在现代审计中,财务报告审计依赖公司内部控制及对应的内部控制系统环境。内部控制审计作为一种独立的审计制度,一方面作为一种过程审计可以对公司的内部控制进行研究和评价,用以确定财务报告审计范围并制定审计程序,从而保障公司财务信息可以真实有效地传达给审计师,并最大效率地完成审计任务。另一方面,内部控制审计的审计范围不局限于公司财务报告系统本身,其对公司内部控制缺陷信息的识别与披露可以从最大程度上遏制管理层的舞弊行为,并给监管层节约有限的审计资源。本书以内部控制审计所要达成的目标为切入点,以内控审计制度实施以来2011—2018年沪深证券交易所上市的A股上市公司为样本,以审计需求理论为基础,从审计保险理论、信息理论和代理理论三个方面,分别从是否实施内控审计和内控审计意见两个层面检验了内控审计的监督功能、信息功能和保险功能,力求探究内部控制审计制度在中国资本市场中是否达到预期的目标和效果,揭示投资者、监管层和其他利益相关者共同关注的内部控制审计治理机制对公司内部控制、会计信息质量和审计质量作用及影响的问题。得到的相关结论如下:

① 在代理理论视角下,实施内控审计发挥监督功能,主要体现在减少财务重述的发生并抑制管理层应计项盈余管理活动。内控审计意见可以预警公司未来发生财务重述、违规处罚和应计项盈余管理的可能。基于审计需求代理理论,为了研究内控审计监督功能的发挥,本书从是否实施内控审计和内控审计意见两个层面出发,从监管层违规违法处罚、公司财务报表重述、管理层应计盈余管理和真实盈余管理四个方面来检验内控审计的监督功能。通

过PSM配对实施内控审计的公司进行多元回归检验后发现：实施内部控制审计可以减少公司财务重述的发生，并对抑制应计盈余管理行为起到了一定的监督作用，但对公司违规违法行为和真实盈余管理不能起到预期的效果。内部控制审计对财务重述和应计盈余质量的作用在不同内控水平的公司中存在差异。存在内部控制缺陷的公司会降低内部控制审计对减少财务重述和应计盈余管理的积极作用。审计师出具非标准内控审计意见可以预警公司未来发生财务重述、违规处罚和应计盈余管理的可能，但并不能督促公司对内控缺陷进行纠正来减少财务重述、违规处罚和应计盈余管理行为的发生。

当前内控审计体现出的监督功能说明：第一，内部控制审计监督功能可以帮助公司识别内控缺陷并督促公司改进内控和财务报告系统，从而减少会计操纵和差错并抑制管理层应计盈余管理行为。第二，内控审计难以改变公司内部控制实质性缺陷的存在，因此管理层机会主义行为并未被充分抑制，而导致公司违规违法行为并没有受到实施内控审计的充分影响，公司可以控制应计项盈余管理并利用更为隐蔽的真实活动盈余管理来进行会计操纵。第三，公司内控水平的差异导致内控审计监督功能发挥存在异质性，存在实质内控缺陷的公司抑制了内控审计监督功能的发挥。第四，非标准内控审计意见可以揭示公司未来发生财务重述、违规处罚和应计盈余管理的可能。

内控审计监督功能在一定程度上得到了发挥，对监督公司识别内控缺陷、改善内部控制起到了一定作用，但业绩压力和公司固有内控缺陷的存在让公司违规违法行为和盈余操纵存在机会。同时，非标准内控审计意见并不能督促公司对内控缺陷进行纠正以达到减少财务重述、违规处罚和应计盈余管理行为的发生。公司存在的内部控制重大缺陷很难在短期内改变。

② 在信息理论视角下，内控审计发挥信息功能，通过非标内控审计意见传递公司存在重大内部控制缺陷以及可能导致财报舞弊的风险信号，引起投资者的负向市场反应。同时，非标内控审计意见强化了非标财报审计意见的负向市场反应，市场投资者对于存在重大内控缺陷的公司更倾向于"风险厌恶"。本书基于信息理论，研究了内部控制审计信息功能发挥，包括内控审计意见的信息含量以及非标内控审计意见与非标财报审计意见组成的三类审计

意见组合的市场反应。研究发现：第一，在实施内控审计的公司中，非标内控审计意见伴随着较低的财务报告可靠性及财务报表舞弊的可能，会引起投资者负向的市场反应。通过Fama-French三因子模型计算CAR值，发现在审计意见公告日窗口期内，公司同时收到非标内控和非标财报审计意见引起的公司股价下跌幅度超过了单独收到非标内控或非标财报审计意见带来的影响。通过多元回归检验发现，非标内控审计意见可以向市场传达显著的负向信息，并引起公司股票价格下跌。非标内控审计意见也会弱化公司股利变化对股票价格的影响。以上证据在一定程度上证实了当前内控审计已经具备了一般审计的信号功能，可以向市场投资者传递公司内控相关的信息并使其在股价中得到反映。第二，多元回归结果表明仅被出具非标财报审计意见与每股收益变化并没有显著的交互作用。我们认为可能的解释是，基于现有的信息披露规则，公司在季报和半年报中可以向市场传递公司的财务信息，投资者可以根据季报、半年报以及公司披露的业绩预告提前对公司财务状况进行有效的判断和预测。因此，当公司仅被出具非标财报意见时，该意见与每股收益变化率的交互作用并不显著，而投资者无法对公司的内部控制状况进行事前判断和了解。随着内控审计实施年份的增长，投资者对公司内部控制与财务报告舞弊行为的认知更加深入。因此，当公司被单独出具内控审计意见或是同时出具非标内控和财报审计意见时，就会产生显著的负向市场反应。第三，非标内控审计意见与当年财报舞弊和下一年度财报舞弊存在正向关系，这也说明了存在内部控制缺陷的公司意味着更高的财务报表舞弊可能。同时，公司内部控制缺陷很难在短期得到纠正，说明相比于非标财报审计意见，非标内控审计意见向市场传递公司发生舞弊行为的信号作用具有更强的时效性。

③ 在保险理论视角下，实施内部控制审计发挥保险功能增加了审计的保险价值。审计费用中包含内控缺陷可能导致法律风险的溢价，"四大"的审计费用增加更为显著。法律风险在内控缺陷与审计费用之间起到了部分中介作用。审计师会对高法律风险公司出具非标内控审计意见，从而为公司释放法律风险，同时也减轻了自身的责任。

研究发现，实施内部控制审计增加了公司的审计费用，公司存在内控缺陷意味着更高的审计费用。法律风险在内控缺陷与审计费用之间起到了部分中介作用，说明实施内控审计增强了审计师和公司给内控缺陷带来法律风险的认知。一方面，审计师通过提高审计费用来提高内控审计的风险溢价。另一方面，公司也希望通过内控审计来缓解自身的法律风险，愿意接受更高溢价的审计费用。从内控审计意见与法律风险的关系来看，高法律风险增加了审计师出具非标内控审计意见的可能。这说明审计师会基于公司法律风险和自身诉讼风险对公司出具非标内控审计意见，通过非标内控审计意见来为公司释放法律风险，同时也缓解自身的法律责任。在当前阶段，非标内控审计意见还不具备降低未来法律风险的保险作用，公司也没有及时纠正内控缺陷来降低法律风险，说明内控缺陷短期内难以消除。

同时我们发现，公司内部控制缺陷和会计师事务所规模会对内部控制审计的保险价值产生影响。存在内部控制缺陷的公司实施内控审计可能导致更多的审计风险，提高审计师对公司内控缺陷产生诉讼风险的认知，从而显著增加公司审计费用。实施内控审计后，为了应对未来预期的诉讼风险损失，"四大"提高了审计收费。进一步分析发现，公司内部控制缺陷对审计保险价值的影响在不同法律环境下存在差异：在高法律风险环境地区，公司内部控制缺陷可以提高审计师对公司内控缺陷产生诉讼风险的认知，显著提高审计费用。但这种关系在低法律风险环境地区并不显著。

审计的保险功能体现在资本市场中，只要法律法规要求审计师出具公允的审计意见就对审计报告的使用者负有保证责任。当审计师"未尽勤勉"违反这种保证责任并给利益相关者带来损失时，审计师就应对审计报告的使用者承担法律责任。长期以来，中国资本市场中的法律环境限制了股东诉讼会计师事务所的权利，公司内部控制缺少规范，舞弊行为难以得到有效遏制。近年来，随着中国深化金融市场改革，以及对公司舞弊和内部控制问题处罚的加强，加剧了公司承担的诉讼风险。特别是在审计民事责任判例中会计师事务所第三方责任索赔得到支持，在实践中验证了审计的保险功能。公司因内部控制违规违法行为受到监管层的处罚也极大地增加了公司的诉讼风险。内部控制审计作为一种审计治理机制，其承担的保险价值在当前的法律环境下得到一定程度的体现。本书关于内控审计保险价值的研究也表明，审计的保险价值只有在健全法律环境中才能得到体现。因此，资本市场中的监管层必须进一步完善相应的法律制度，建立投资者保护制度，消除法律环境的地区差异，同时加大对存在内控缺陷公司的处罚和监管力度。这样才能实现内部控制审计，规范公司内部控制，遏制公司舞弊行为的目标，更好地实现审计的保险价值和保险功能。

④ 内控审计质量是充分实现内控审计功能的重要保障，当前市场中内控审计并不能充分提升财务信息质量和相应的财务报告审计质量。市场中存在内控审计意见购买活动并影响了内控审计功能的充分发挥，内控审计监督功能和保险功能的发挥并不充分。研究发现：第一，内部控制审计质量越高，公司发生财务重述的可能性越低，且这种影响在不同产权性质的公司中存在差异。内部控制审计质量差异并不会对公司应计盈余管理活动产生影响。高内控审计质量对小市值规模的公司财务报告提升作用并不显著，说明目前内部控制审计质量整体不高，通过提高财务信息质量从而提升财报审计质量的治理效果不够充分。第二，内部控制审计质量影响了审计监督功能的发挥，检验结果说明内控审计中存在审计意见购买活动。上市公司会通过审计师变更来实现内部控制审计意见购买。相比国有控股企业，非国有控股企业更倾向于进行内部控制审计意见购买。进一步分析发现，内部控制审计意见购买行为并不受审计行业专长的影响，高审计行业专长不能帮助上市公司减少并整改内部控制缺陷，从而说明审计师难以抑制公司的内部控制审计意见购买行为。我们的研究也表明，由于上市公司有足够的动机去进行内部控制审计意见购买活动，并在当前的审计市场环境下获得有利的内部控制审计意见。上市公司难以依靠审计师的专业知识和缺陷修复能力来帮助其减少自身实际的内部控制缺陷。因此，监管层不能从上市公司内部控制审计意见的改善来判断公司内部控制缺陷是否得到整改。第三，内控审计中存在意见购买的原因是对于外部投资者和监管者来说，由于内部控制审计属于行为过程审计，其审计过程和审计意见的形成都难以观测。公司的内部控制审计意见比财务报告审计意见更具不可预测性，因此内控审计质量的高低难以进行直接量化

和评价。从第4章和第5章的检验结果来看，一方面，与未实施内控审计的公司相比，实施内控审计并未对公司违规处罚和真实盈余管理起到监督作用，说明内控审计并未充分遏制公司管理层的机会主义行为。另一方面，非标内控审计意见又具有显著的负向市场反应，因此公司会基于监管和融资压力来寻求对自身有利的内部控制审计意见。第6章的检验结果说明，内部控制审计的信息成本和保险价值促使审计师和公司间产生了更多的经济依赖关系，而长期以来中国审计市场需求较弱，审计师出于经济理性和行业竞争的考虑都会为公司进行审计意见购买活动提供便利。目前在内控审计功能发挥中，审计信息功能相对于监督功能和保险功能的作用更加显著，监督和保险功能有待提升。提高内控审计质量是充分发挥内控审计监督和保险功能的必然选择。只有充分提升内控审计质量，并加强监管举措，才能充分实现内容审计的各项功能，最终达到提升财务报告审计质量、遏制管理层机会主义行为的治理目标。

综上所述，在中国的资本市场中内控审计发挥了其应有的审计功能，同时也存在一定的局限性。内控审计的监督功能抑制了公司财务会计差错的发生和应计盈余管理行为，但并未充分抑制公司的真实盈余管理和监管违规等机会主义行为。内控审计的信息功能促使公司对自身的内部控制进行修正和优化，向市场传递积极的信息，相应地提高市场经济效率。同时，内控审计意见具有负向市场反应，促使公司在监管和融资压力下寻求对自身有利的内控审计意见。内控审计的保险功能促使公司和审计师之间产生了更多的经济依赖，建立了内控缺陷和法律风险之间的联系，降低了公司和审计师的法律责任，体现出相应的保险价值。内控审计监督功能的不足反映出当前内控审计质量对审计功能的影响。公司在融资需求和监管压力下寻求有利的内控审计意见，保险功能产生的更多经济依赖和内控审计意见的不可预测性使得管理层有充分的动机和机会进行内控审计意见购买活动。内控审计意见购买的存在也反映出审计行业能力专长的不足，以致在内控审计中审计师对公司存在的内控缺陷不能进行及时有效的整改和修正，难以抑制审计意见购买行为。同时公司产权性质的差异，使得非国有企业在面临更高的融资压力时，更倾向于进行内控审计意见购买。市场中的内控审计意见购买活动损害了内控审计质量,以致内控审计的功能发挥并不充分。

8.2 政策建议

本书的研究结论表明,在中国的资本市场环境中,内部控制审计功能的发挥得到了一定体现。但内控审计质量的差异,导致内控审计功能特别是监督功能并未充分发挥。财务报告审计质量并没有因为内部控制审计的实施而得到充分的提高。可能的原因是,从审计需求的角度考察,在信息理论下,内部控制审计的鉴证功能并没有充分发挥作用,未能充分发现并披露公司内部控制缺陷信息并公允地评价公司内部控制的有效性,原因是公司实控人对公司内部控制缺陷的选择性披露行为。从保险理论的角度考察,虽然内部控制审计的保险价值得到一定程度的体现,但是在不同的法律环境下存在差异,法律环境成为内部控制审计是否具有风险转移功能的决定因素。从代理理论的角度考察,内部控制审计过程和结果的不可预测性,以及审计市场环境带来的委托代理关系变异致使公司实控人存在机会主义行为,造成审计意见购买行为的发生。从审计供给的角度考察,与财务报告审计不同的是内部控制审计拓展了审计的范畴,内部控制审计更注重对公司控制过程的检查与测试,因此需要更高行业专长的审计师去理解并公允评价公司的内部控制过程,从而达到其实施的目标。目前中国审计市场并没有制定详细的内控审计职业规范,以致审计供给方无法把控内部控制审计的边界范畴以及质量标准。

以上现象和结果是造成当前中国内部控制审计未能充分发挥其效能的重要原因。我们认为完善的审计标准、公认的会计原则以及完备的内部控制是现代审计的三大支柱(文硕,2018)。中国内部控制审计制度是一项长效机制,是维护市场经济秩序、实现高质量发展的必然要求,未来必将对中国资本市场的发展和各项改革措施起到重要的作用。因此,本书基于结论部分内部控制审计实施现状和现代审计特征提出如下建议:

第一,完善内部控制审计指引,制定标准的内部控制审计程序和相应的准则。令人满意的内部控制系统的存在，可以排除发生舞弊和差错的或然性。内部控制审计的目的也是最大可能地降低公司发生舞弊和差错的概率，提高财务报告审计质量。在财务报告审计中，审计意见的出具以查证的审计结果为审计证据；而内部控制审计属于行为过程审计，其审计证据应注重审计过程中的内控系统和流程的防范，以及内部控制审计的取证范围。但目前的内部控制审计指引并没有给出具体的实施细则和标准，以致目前内部控制审计的重要性水平等指标还是依据财务报告审计控制测试的标准，在非财务报告内部控制审计上更没有建立相应的计量标准和审计证据的具体依据。因此，为了让内部控制审计充分发挥应有的效能，必须建立具体的审计程序和计量标准，在现有的法律和制度背景下建立完善的内部控制审计指引和审计准则。

第二，提高审计师的内部控制审计执业能力。审计师必须研究公司的内部控制系统，只有在了解公司内部控制系统的缺点与优点之后才能有效识别公司的内部控制缺陷，并对公司内部控制有效性进行公允的评价。随着公司规模的扩大和经济业务复杂程度的增长，公司的内部控制是先于会计和审计职业发展的。特别是信息技术的发展，已经给公司内部控制系统包括财务报告系统带来了深刻的变革。审计师只有充分研究并理解公司的内部控制系统以后才能够确定可能存在的风险，识别并报告相应的内部控制缺陷，制订相应的审计计划。因此审计师必须努力提高自身的行业专业知识，拓展审计能力和技术范畴，不断提高自身的专业判断能力。审计师具有相关领域的知识技能后，才能够对所属行业公司内部控制的所有举措进行有效的研究，审计师的审查范围才能扩展到足以发现差错和舞弊行为的区域。

第三，加大对存在内控缺陷公司的监管和处罚力度，监督公司及时纠正内控缺陷。加强公司内部控制信息披露的监督与处罚，构建良好的市场环境和法律环境，建立合理的处罚和奖励机制。内部控制审计促进公司内部控制缺陷信息的披露往往会受到公司特征及内部治理因素的影响，因此，必须加强对上市公司内部控制信息及缺陷信息的可靠性进行监督，同时严格履行合理的公司治理机制，监督公司管理层完善内部审计部门的建设。只有严格监督公司对公司内部控制信息真实有效的披露，并履行其公司治理机制，才能抑制公司实控人的机会主义行为、配合内部控制审计的实施。同时，由于内部控制审计的保险价值受法律环境差异的影响，内部控制审计在一定程度上扩大了审计师的责任，这种责任风险的产生也有利于审计师更加客观公允地鉴证内控缺陷评价内部控制。内控审计保险价值的实现也符合现代审计需求的基本假设，有利于审计行业的发展，因此必须有严格的法律制度使之得到保证。目前中国监管层实施的监管措施处罚多过奖励，重视结果多于过程。在今后的监督过程中，对公司的内部控制违规违法行为要严格进行处罚，特别是对管理层舞弊和审计意见购买行为积极查处，遏制管理层机会主义行为。同时，要对审计师在公司内部控制审计中查处缺陷并指导企业纠正的行为给予积极的奖励。

第四，在实务界和学术界加强审计理论的学习，积极拓展内部控制审计学科和审计技术的边界。在代理理论视角下，内部控制审计具有第三方独立审计的基本特征和使命。但由于内部控制的定义不局限于财务和会计活动，同时当前公司内部控制管理制度和技术发展日新月异，因此如果社会需要审计职业提供有效的服务，就必须拓展审计职业服务的界限。于是，拓展相应的审计理论，并使之能够指导当下的内部控制审计就成为学术界和实务界亟待解决的问题。正如我们所知，审计不是源于它所查证的会计，而是源于赖以支持其观念和方法的客观需求。那么当这种需求产生变化的时候，我们就需要发展审计学科和审计理论并最终找到相应的解决对策。特别是目前中国资本市场即将实施的"注册制"，给市场发展和政府监管带来更大的挑战，包括内部控制审计在内的审计实务和理论必须进行拓展并发挥其应有的作用来保障微观和宏观经济的健康运行。

8.3　研究局限和未来研究方向

由于时间、精力、能力等主观因素和数据可获得性等客观因素的限制，部分内容和论证需要在今后的研究中不断完善和深入。

第一，本书在对内部控制审计对审计质量和内控缺陷的影响研究中，通过PSM配对样本采用线性和非线性回归的方法来检验内控审计实施对审计质量和内控缺陷的影响。虽然控制了行业和年度的影响，但由于每个公司之间存在个体差异，且内部控制审计的实施是由监管层主导实施并非自愿完成，因此很难完全避免处理组样本的自选择问题。单纯比较处理组和控制组的样本差异并不能保证足够的精准度，基于此，需要拓展相应的实证研究方法，保证检验结果的精准度。

第二，内部控制缺陷信息披露行为的度量方法。国内现有对该议题的研究成果尚不丰富，基于我国制度背景，本书主要借鉴李万福等（2011）、林斌等（2012）、赵息与徐宁宁等（2013）对我国上市公司内部控制实质性缺陷的定义，并结合Rice和Weber（2012）以及Rice（2015）的匹配方式定义了上市公司内部控制缺陷信息的衡量。由于监管层对公司违规违法行为的行政处罚，以及财务重述的查处规则并不完全透明，所以我们据此认定的实质性内部控制缺陷并不全面，可能存在一定的偏差。

第三，内部控制审计质量的定义。本书运用机器学习中交叉检验的方法来定义内控审计质量。在机器学习和数据挖掘中，分析数据预测性相对较高，但对因果关系并没能完全揭示。由于内控审计的内容和方法与财报审计有很多差异，因此如何打开内控审计的执业"黑箱"来评测内控审计质量是我们下一步的研究重点。

第四，在对内部控制审计费用的衡量上，本书用总审计费用来检验内部控制审计的保险价值。因为当前只有部分公司披露了内部控制审计费用，且内部控制审计费用的披露也非自愿。部分披露内部控制审计费用的公司是由于交叉上市和监管的需要。虽然可以通过控制规模的方法削弱财务报告审计费用的影响，但由于未能分离财务报告审计费用的影响，因此对检验结果的精准度造成了影响。

本书在一定程度上探讨了内部控制审计制度的实施效果和与所期望目标的差距，反映了中国资本市场中内部控制审计的现状和内部控制审计的影响因素，但尚未进行深入细致的研究。未来研究的方向是确立内部控制审计的边界和具体实施细则，进一步细化内部控制缺陷信息的成本效益分析，以及在此基础上内部控制审计与财务报告审计的关系问题。具体有以下几个方面可以继续深入研究和拓展：

第一，进一步扩大公司内部控制信息的取样范围，包括相关的市场信息和媒体治理的参与，对内控审计以及内部控制缺陷信息的披露行为对企业估值方面的影响进行研究，包括内部控制审计对企业绩效以及公司价值的影响。从经济后果的视角进一步考量内部控制审计的影响。

第二，对内部控制审计的范围和评价内部控制有效性进行研究。公司内部控制是一个不稳定的系统，通常难以理解也难以在审计工作底稿中描述。然而审计师对公司内部控制的检查与审计是审计工作的前提和基础，其重要性超过了任何一个阶段。因此，确定内部控制审计的范围，检查并报告给委托人可以从最大程度上履行审计委托代理责任。研究各项审计计划、各项审计程序如何执行，可建立与内部控制审计的范围和内部控制有效性评价之间的联系。

第三，在内部控制审计实务研究中，应拓展内部控制审计的审计方法和技术研究。内部控制是利润动机的自然产物，公司内部控制管理的发展是领先于审计和会计职业发展的。特别是，近年来信息技术的发展使得内部控制系统以及其中的财务报告系统等子控制系统的发展进化为现代审计带来了挑战和发展的机会。未来随着新技术的应用，特别是分布式会计账簿及相应的区块链概念的产生，必须加强对相应的审计技术，特别是对内部控制审计技术进行研究。新技术的应用和发展也必将推动审计理论的发展，对此我们也要做好相应的对策及研究方案。

第四，在内部控制审计中关于内部控制有效性评价的研究和相关法律责任的研究。内部控制审计对于整合审计行业特别是会计师事务所、审计师来说，既是一种机会也是一种责任。确定内部控制审计的边界可以更好地推动审计服务。现有的关于内部控制审计有效性评价应以审计意见和简式审计报告的形式进行陈述，应该研究如何对内部控制审计工作中的技术、程序和标准进行描述，并以详细的审计报告进行披露，并研究如何以此为依据对内部控制审计中的审计师和委托人的责任进行划分。研究法律责任的划分可以更好地界定诉讼风险,内部控制审计的保险功能才能得到清晰的体现。

第五,结合即将到来的"注册制",探讨内部控制审计对公司信息披露和政府监管的作用。因为注册制是一种市场化程度较高的审核机制,公司需要披露更多的财务、内部控制和公司治理等信息供投资者决策。审计师将对公司的信息披露承担更多的责任,因此对公司进行内部控制审计是审计师评价公司内部控制、了解审计风险的直接途径。研究如何充分发挥内部控制审计的职能可有效降低投资者、审计师及监管部门的信息风险并提升经济效率,确保注册制中的信息披露问题得到合理解决。

参考文献

[1] AHERN K R. Sample selection and event study estimation[J]. Journal of Empirical Finance, 2009, 16 (3): 470-482.

[2] AKRESH, ABRAHAM D. A risk model to opine on internal control[J]. Accounting Horizons, 2010, 24 (1): 65-78.

[3] ALEXANDER C R, BAUGUESS S W, BERNILE G, et al. Economic effects of SOX Section 404 compliance: a corporate insider perspective[J]. Journal of Accounting and Economics, 2013, 4 (3): 39-53.

[4] ALLEN F, QIAN J, QIAN M. Law, finance, and economic growth in China[J]. Journal of Financial Economics, 2005 (5): 57-116.

[5] ALTAMURO J, BEATTY A. How does internal control regulation affect financial reporting? [J]. Journal of Accounting & Economics, 2010, 49 (1): 58-74.

[6] ALVERCHT W S, WERNZ G W, WILLIAMS T L. Fraud: bringing light to the dark side of business [J]. Fraud Bringing Light to the Dark Side of Business, 1995 (2): 14-16.

[7] AMER T, HACKENBRACK K, NELSON M. Between-auditor differences in the interpretation of probability phrases [J]. Auditing: A Journal of Practice & Theory, 1994, 13 (1): 126-136.

[8] American Institute of Certified Public Accountants (AICPA). The auditor's consideration of internal control structure in the financial statement audit[M]. New York: AICPA, 1988.

[9] LEONE A J. Factors related to internal control disclosure: A discussion of Ashbaugh, Collins, and Kinney (2007) and Doyle, Ge, and McVay (2007) [J].

Journal of Accounting & Economics, 2007, 44 (1-2): 211-237.

[10] AOBDIA D. Do practitioner assessments agree with academic proxies for audit quality? Evidence from PCAOB and internal inspections[J]. Journal of Accounting and Economics, 2019, 67 (1): 144-174.

[11] ARPING S, SAUTNER Z. Did SOX section 404 make firms less opaque? evidence from cross-listed firms [J]. Contemporary Accounting Research, 2013, 30 (3): 1133 - 1165.

[12] ASARE S K, WRIGHT A. The effect of change in the reporting threshold and type of control deficiency on equity analysts' evaluation of the reliability of future financial statements [J]. Social Science Electronic Publishing, 2012, 31 (2): 1-17.

[13] ASHBAUGH-SKAIFE H, COLLINS D W, JR W R K, et al. The effect of sox internal control deficiencies on firm risk and cost of equity [J]. Journal of Accounting Research, 2009, 47 (1): 1-43.

[14] ASHBAUGH-SKAIFE H, COLLINS D W, KINNEY JR W R. The discovery and reporting of internal control deficiencies prior to SOX mandated audits[J]. Journal of Accounting and Economics, 2007, 44 (1): 166-192.

[15] BALL R, ROBIN A, WU J S. Incentives versus standards: properties of accounting income in four East Asian countries [J]. Journal of Accounting & Economics, 2003, 36 (1/2/3): 235-270.

[16] BEASLEY M S. An empirical analysis of the relation between the board of director composition and financial statement fraud[J]. Accounting Review, 1996, 71 (4): 443-465.

[17] BEBCHUK L A, KAHAN M. A framework for analyzing legal policy towards proxy contests [J]. Ssrn Electronic Journal, 2003, 78 (5): 1071-1135.

[18] BECHT M, BOEHMER E. Voting control in German corporations [J]. International Review of Law & Economics, 2003, 23 (1): 1-29.

[19] BECK M J, MAULDIN E G. Who's really in charge? audit committee versus cfo power and audit fees [J]. Accounting Review, 2014, 89 (6): 2057-

2085.

[20] BEDARD, JEAN C, GRAHAM, et al. Detection and severity classifications of Sarbanes-Oxley Section 404 internal control deficiencies [J].The Accounting Review, 2011, 86(3): 825 - 855.

[21] BENEISH M D, BILLINGS M B, HODDER L D. Internal control weaknesses and information uncertainty[J]. Accounting Review, 2008, 83 (3): 665-703.

[22] BENEISH M D. Incentives and penalties related to earnings overstatements that violate GAAP[J]. The Accounting Review, 1999, 74 (4): 425-457.

[23] BHASKAR L S, SCHROEDER J H, SHEPARDSON M L. Integration of internal control and financial statement audits: are two audits better than one [J]. The Accounting Review, 2019, 94 (2): 342-365.

[24] BLOUIN J, GREIN B M, ROUNTREE B R. An analysis of forced auditor change: the case of former arthur andersen clients [J]. The Accounting Review, 2007, 82 (3): 621-650.

[25] BROCHET F. Information content of insider trades before and after the Sarbanes-Oxley Act [J]. The Accounting Review, 2010, 85 (2): 419-446.

[26] BRUNNERMEIER MARKUS. Deciphering the liquidity and credit crunch 2007—2008[J].The Journal of Economic Perspectives, 2009, 23 (1): 77-100.

[27] CARAMANIS C, LENNOX C. Audit effort and earnings management [J]. Journal of Accounting & Economics, 2007, 45 (1): 116-138.

[28] CARCELLO J V C, LI C. Costs and benefits of requiring an engagement partner signature: recent experience in the united kingdom [J]. Social Science Electronic Publishing, 2013, 88 (5): 1511-1546.

[29] CARCELLO J V, NEAL T L. Audit committee characteristics and auditor dismissals following "new" going-concern reports [J]. The Accounting Review, 2003, 78(1): 95 - 117.

[30] CAREY P, SIMNETT R. Audit partner tenure and audit quality [J]. Accounting Review, 2006, 81（3）: 653-676.

[31] CHAN K C, FARRELL B, LEE P. Earnings management of firms reporting material internal control weaknesses under Section 404 of the Sarbanes-Oxley Act[J]. Auditing: A Journal of Practice & Theory, 2008, 27（2）: 161-179.

[32] CHAN K H, DONGHUI W U. Aggregate quasi rents and auditor independence: evidence from audit firm mergers in China [J]. Social Science Electronic Publishing, 2011, 28（1）: 175-213.

[33] CHAN K H, LIN K Z, MO L L. A political-economic analysis of auditor reporting and auditor switches [J]. Review of Accounting Studies, 2006, 11（1）: 21-48.

[34] CHANEY P K, JETER D C, SHAW P E. The impact on the market for audit services of aggressive competition by auditors [J]. Journal of Accounting & Public Policy, 2003, 22（6）: 487-516.

[35] CHEN C J P, XIJIA S U, ZHAO R. An emerging market's reaction to initial modified audit opinions: evidence from the Shanghai stock exchange [J]. Contemporary Accounting Research, 2010, 17（3）: 429-455.

[36] CHEN C Y, LIN C J, LIN Y C. Audit partner tenure, audit firm tenure, and discretionary accruals: does long auditor tenure impair earnings quality[J]. Contemporary Accounting Research, 2008, 25（2）: 415-445.

[37] CHEN F, PENG S, XUE S, et al. Do audit clients successfully engage in opinion shopping? partner-level evidence[J]. Journal of Accounting Research, 2016, 54（1）: 79-112.

[38] CHEN L H, KRISHNAN J, SAMI H, et al. Auditor attestation under SOX section 404 and earnings informativeness [J]. Auditing: A Journal of Practice & Theory, 2013, 32（1）: 61-84.

[39] CHEN S, SUN S Y J, WU D. Client importance, institutional improvements, and audit quality in china: an office and individual auditor level

analysis [J]. Accounting Review, 2010, 85（1）: 127-158.

［40］CHEN Y, GUL F A, VEERARAGHAVAN M, et al. Executive equity risk-taking incentives and audit pricing [J]. Accounting Review, 2015, 90（6）: 15-51.

［41］CHEN C J P, CHEN S, SU X. Profitability regulation, earnings management, and modified auditopinions: Evidence from China[J]. Auditing: A Journal of Practice & Theory, 2001, 20（2）: 9-30.

［42］CHEN, CHARLES J P, XIJIA S U, ZHAO R. An emerging market's reaction to initial modified audit opinions: evidence from the Shanghai stock exchange[J]. Contemporary Accounting Research, 2000, 17（3）: 429-455.

［43］CHOI J H, KIM J B, LIU X, et al. Audit pricing, legal liability regimes, and big 4 premiums: theory and cross-country evidence [J]. Contemporary Accounting Research, 2008, 25（1）: 55-99.

［44］CHOI J H, KIM J B, LIU X, et al. Cross-listing audit fee premiums: theory and evidence[J]. Accounting Review, 2009, 84（5）: 1429-1463.

［45］CHOW C W, RICE J. Qualified audit opinions and auditor switching [J]. The Accounting Review, 1982, 57（2）: 326-335.

［46］COMMERFORD B P, HATFIELD R C, HOUSTON R W, et al. Auditor information foraging behavior [J]. Accounting Review, 2017, 92（4）: 145-160.

［47］CRASWELL A T, FRANCIS J R, TAYLOR S. Auditor brand name reputations and industry specializations [J]. Journal of Accounting and Economics, 1995, 20（3）: 297-322.

［48］CUSHING B E. Economic analysis of accountants' ethical standards: the case of audit opinion shopping [J]. Journal of Accounting & Public Policy, 1999, 18（4）: 339-363.

［49］DAS S, SHROFF P K, ZHANG H. Quarterly earnings patterns and earnings management[J]. Contemporary Accounting Research, 2009, 26（3）: 797-831.

[50] DEANGELO H, DEANGELO L, GILSON S C. The collapse of first executive corporation junk bonds, adverse publicity, and the "run on the bank" phenomenon [J]. Journal of Financial Economics, 1994, 36 (3): 287–336.

[51] DEANGELO L E. Auditor independence, "low balling", and disclosure regulation [J]. Journal of Accounting and Economics, 1981, 3 (2): 113–127.

[52] DEANGELO L E. Auditor size and audit quality [J]. Journal of Accounting and Economics, 1981, 3 (3): 183–199.

[53] JETER D C, SHIVAKVMAR L. Cross-sectional estimation of abnormal accruals using quarterly and annual data: effectiveness in detecting event-specific earnings management [J]. Accounting & Business Research, 1999, 29 (4): 299–319.

[54] DECHOW P M, SLOAN R G, HUTTON A P. Detecting earnings management [J]. Accounting Review, 1995 (2): 193–225.

[55] DEFOND M L, FRANCIS J R, WONG T J. Auditor industry specialization and market segmentation: evidence from Hong Kong [J]. Auditing: A Journal of Practice & Theory, 2000, 19 (1): 49–66.

[56] DEFOND M L, LENNOX C S. Do PCAOB inspections improve the quality of internal control audits? [J]. Journal of Accounting Research, 2017, 55 (3): 591–627.

[57] DEFOND M L, PARK C W. The reversal of abnormal accruals and the market valuation of earnings surprises [J]. Accounting Review, 2001, 76 (3): 375–404.

[58] DEFOND M L, WONG T J, LI S. The impact of improved auditor independence on audit market concentration in China [J]. Journal of Accounting & Economics, 1999, 28 (3): 269–305.

[59] DEFOND M L. The association between changes in client firm agency costs and auditor switch [J]. Auditing: A Journal of Practice and Theory, 1992, 11 (5): 23–54.

［60］DEFOND M, ZHANG J. A review of archival auditing research [J]. Journal of Accounting and Economics, 2014, 58（23）: 275-326.

［61］DOIDGE C, KAROLYI G A, LINS K V, et al. Private benefits of control, ownership, and the cross-listing decision[J]. Journal of Finance, 2009, 64（1）: 425-466.

［62］DONG M, STETTLER A. Estimating firm-level and country-level effects in cross-sectional analyses: an application of hierarchical modeling in corporate disclosure studies [J]. International Journal of Accounting, 2011, 46（3）: 271-303.

［63］DOOGAR R, SIVADASAN P, SOLOMON I, et al. The regulation of public company auditing: evidence from the transition to AS5[J]. Journal of Accounting Research, 2010, 40（3）: 311-343.

［64］DOYLE J T, GE W, MCVAY S. Accruals quality and internal control over financial reporting[J]. The Accounting Review, 2007, 82（3）: 1141-1170.

［65］DOYLE J, GE W, MCVAY S. Determinants of weaknesses in internal control over financial reporting [J]. Journal of Accounting & Economics, 2007, 44（1/2）: 193-223.

［66］DYE R A. Informationally motivated auditor replacement [J]. Journal of Accounting & Economics, 1991, 14（4）: 347-374.

［67］ELDER, RANDAL J, ZHANG Y, ZHOU J, et al. Internal control weaknesses and client risk management[J]. Journal of Accounting Auditing & Finance, 2009, 24（4）: 543-579.

［68］ELDRIDGE S W, KEALEY B T. SOX costs: auditor attestation under section 404[J]. Ssrn Electronic Journal, 2005, 4（3）: 1-33.

［69］MYLLYMAEKI E R. The persistence in the association between section 404 material weaknesses and financial reporting quality[J]. Auditing: A Journal of Practice & Theory, 2014, 33（1）: 93-116.

［70］ETTREDGE M, HEINTZ J, LI C, et al. Auditor realignments

accompanying implementation of SOX 404 ICFR reporting requirements [J]. Social Science Electronic Publishing, 2006, 25（1）: 17–39.

［71］GUL F A, WU D, YANG Z. Do individual auditors affect audit quality? evidence from archival data [J]. Accounting Review, 2011, 88（6）: 1993–2023.

［72］FERNANDES N, FERREIRA M A. Does international cross-listing improve the information environment [J]. Journal of Financial Economics, 2008, 88（2）: 216–244.

［73］FRIED D, SCHIFF A. CPA switches and associated market reactions[J]. Accounting Review, 1981, 56（2）: 326–341.

［74］GE W, KOESTER A, MCVAY S. Benefits and costs of Sarbanes-Oxley Section 404（b）exemption: evidence from small firms' internal control disclosures[J]. Journal of Accounting and Economics, 2017, 63（2/3）: 358–384.

［75］EDWARD G, SIMON J. Coase versus the coasians[J]. The Quarterly Journal of Economics, 2001, 116（3）: 853–899.

［76］GOH B W, KRISHNAN J, LI D. Auditor reporting under section 404: the association between the internal control and going concern audit opinions [J]. Contemporary Accounting Research, 2013, 30（3）: 970–995.

［77］GUL F A, FUNG S Y K, JAGGI B. Earnings quality: some evidence on the role of auditor tenure and auditors' industry expertise [J]. Journal of Accounting & Economics, 2009, 47（3）: 265–287.

［78］HAMMERSLEY J S, MYERS L A, SHAKESPEARE C. Market reactions to the disclosure of internal control weaknesses and to the characteristics of those weaknesses under section 302 of the Sarbanes Oxley Act of 2002[J]. Review of Accounting Studies, 2008, 13（1）: 141–165.

［79］HANSEN B, POWNALL G, WANG X. The robustness of the sarbanes oxley effect on the U. S. capital market [J]. Review of Accounting Studies, 2009, 14（2/3）: 401–439.

［80］HOGAN C E, WILKINS M S. Evidence on the audit risk model: do auditors increase audit fees in the presence of internal control deficiencies[J]. Contemporary Accounting Research, 2008, 25 (1): 219-242.

[81] HOGAN C E, LAMBERT T A, SCHMIDT J J. Do management internal control certifications increase the likelihood of restatement-related litigation? [J]. Ssrn Electronic Journal, 2012 (3): 1-48.

[82] JARVINEN T, MYLLYMAKI E R. Real earnings management before and after reporting SOX 404 material weaknesses[J]. Accounting Horizons, 2016, 30 (1): 119-141.

[83] JAYARAMAN S, MILBOURN T T. CEO equity incentives and financial misreporting: the role of auditor expertise[J]. The Accounting Review, 2015, 90(1): 321-350.

[84] JOHNSON W B, LYS T. The market for audit services: evidence from voluntary auditor changes[J]. Journal of Accounting & Economics, 1990, 12 (1): 281-308.

[85] JOSEPH F. BRAZEL, KEITH L. JONES, MARK F. ZIMBELMAN. Using nonfinancial measures to assess fraud risk[J]. Journal of Accounting Research, 2009, 27 (5): 36-81.

[86] JR W R K, SHEPARDSON M L. Do control effectiveness disclosures require SOX 404 (b) internal control audits? a natural experiment with small U.S. public companies[J]. Journal of Accounting Research, 2011, 49 (2): 413-448.

[87] KIM I, SKINNER D J. Measuring securities litigation risk[J]. Journal of Accounting and Economics, 2012, 53(1/2): 290-310.

[88] KINNEY W, MARTIN R, SHEPARDSON M. Reflections on a decade of SOX 404 (B)audit production and alternatives [J]. Accounting Horizons, 2013 (27): 799-813.

[89] KLUGER B D, SHIELDS D. Managerial moral hazard and auditor changes [J]. Critical Perspectives on Accounting, 1991, 2 (3): 255-272.

[90] KRISHNAGOPAL, MENON, DAVID, et al. The insurance hypothesis

and market prices[J]. The Accounting Review, 1994, 5 (2): 125-142.

[91] KRISHNAN J, KRISHNAN J, SONG H. The effect of auditing standard No. 5 on audit fees [J]. Auditing A Journal of Practice & Theory, 2011, 30 (4): 1-27.

[92] KRISHNAN J, WEN Y, ZHAO W. Legal expertise on corporate audit committees and financial reporting quality[J]. The Accounting Review, 2011, 86 (6): 2099-2130.

[93] KRISHNAN J. Auditor switching and conservatism[J]. The Accounting Review, 1994, 69(1): 200-215.

[94] LANDSMAN W R, NELSON K K, ROUNTREE B. Auditor switches in the pre- and post-Enron eras: risk or realignment[J]? The Accounting Review, 2009, 84(2): 531-558.

[95] LENNOX C, PITTMAN J. Auditing the auditors: evidence on the recent reforms to the external monitoring of audit firms[J]. Journal of Accounting & Economics, 2010, 49 (1/2): 84-103.

[96] LENNOX C, LI B. The consequences of protecting audit partners' personal assets from the threat of liability[J]. Journal of Accounting and Economics, 2012, 54 (2/3): 154-173.

[97] LENNOX C. Do companies successfully engage in opinion-shopping? evidence from the UK[J]. Journal of Accounting & Economics, 2000, 29 (3): 321-337.

[98] LENNOX C S. Opinion shopping, audit firm dismissals, and audit committees[J]. Ssrn Electronic Journal, 2002 (7): 1-23.

[99] LOPEZ T J, VANDERVELDE S D, WU Y J. Investor perceptions of an auditor's adverse internal control opinion[J]. Journal of Accounting & Public Policy, 2009, 28 (3): 221-250.

[100] MARK L D, CLIVE S L, JIEYING ZHANG. The primacy of fair presentation: evidence from regulators and the courts[J]. Accounting Horizons, 2018, 32 (3): 231-255.

[101] MENON K, WILLIAMS D D. The insurance hypothesis and market prices[J]. Accounting Review, 1994, 69（2）: 327-342.

[102] MINTZ S M. Virtue ethics and accounting education[J]. Issues in Accounting Education, 1995, 10（2）: 247-267.

[103] MITHU DEY R, SULLIVAN M W. Was Dodd-Frank justified in granting internal control audit exemption to small firms? [J]. Managerial Auditing Journal, 2012, 27（7）: 666-692.

[104] MUNSIF V, RAGHUNANDAN K, RAMA D V, et al. Audit fees after remediation of internal control weaknesses[J]. Accounting Horizons, 2010, 25（1）: 232-245.

[105] NEWTON N J, PERSELLIN J S, WANG D, et al. Internal control opinion shopping and audit market competition[J]. The Accounting Review, 2016, 91（2）: 603-623.

[106] NEWTON N J, WANG D, WILKINS M S. Does a lack of choice lead to lower quality? —evidence from auditor competition and client restatements[M]. Auditing: A Journal of Practice & Theory, 2011: 31-67.

[107] NORTON E C, HUA W, et al. Computing interaction effects and standard errors in logit and probit models[J]. Stata Journal, 2004, 4（2）: 154-167.

[108] NUMAN W, WILLEKENS M. An empirical test of spatial competition in the audit market [J]. Journal of Accounting & Economics, 2012, 53（1/2）: 450-465.

[109] RAGHUNANDAN K, RAMA D V. SOX section 404 material weakness disclosures and audit fees[J]. Auditing, 2006, 25（1）: 99-114.

[110] RANDAL, ELDER YAN, et al. Internal control weaknesses and client risk management [J]. Journal of Accounting, 2009（24）: 573-580.

[111] HOITASH R, HOITASH U, BEDARD J C. Internal control quality and audit pricing under the sarbanes-oxley act[J]. Auditing, 2008, 5（2）: 154-167.

[112] RICE S C, WEBER D P. How effective is internal control reporting

under SOX 404？determinants of the (non-) disclosure of existing material weaknesses[J]. Journal of Accounting Research, 2012, 50 (3): 811-843.

[113] RONEN J. Policy reforms in the aftermath of accounting scandals [J]. Journal of Accounting & Public Policy, 2002, 21 (4): 281-286.

[114] ROSENBAUM P R, RUBIN D B. Assessing sensitivity to an unobserved binary covariate in an observational study with binary outcome[J]. Journal of the Royal Statistical Society, 1983, 45 (2): 212-218.

[115] ROSS S A. The economic theory of agency: the principal's problem [J]. American Economic Review, 1973, 63 (2): 134-139.

[116] ROYCHOWDHURY S. Earnings management through real activities manipulation[J]. Journal of Accounting and Economics, 2006, 42 (3): 335-370.

[117] SCHWARTZ K B, MENON K. Auditor switches by failing firms [J]. Accounting Review, 1985, 60 (2): 248-261.

[118] SCHWARTZ K B, SOO B S. The association between auditor changes and reporting lags[J]. Contemporary Accounting Research, 1996, 13 (1): 353-370.

[119] Securities and Exchange Commission (SEC). Foreign Issuer Reporting Enhancements[J]. Release Nos, 2008, 12 (4): 33-80.

[120] SHU S Z. Auditor resignations: clientele effects and legal liability [J]. Journal of Accounting and Economics, 2000, 29(2): 173-205.

[121] SHUMWAY, TYLER. Forecasting bankruptcy more accurately: a simple hazard model [J]. Journal of Business, 2001, 74(1): 101-124.

[122] SMITH D. Auditor "subject to" opinions, disclaimers and auditor changes [J]. Auditing: A Journal of Practice & Theory, 1986 (6): 95-108.

[123] ARPING S, SAUTNER Z. Did SOX section 404 make firms less opaque? evidence from cross-listed firms[J]. Contemporary Accounting Research, 2012, 30 (3): 1133-1165.

[124] KAPLAN S N, LUIGI Z. Do investment-cash flow sensitivities provide

useful measures of financing constraints? [J]. Quarterly Journal of Economics, 1997, 112（1）: 169–215.

［125］STIGLER G J. The theory of economic regulation[M]. Bell Journal of Economics, 1971, 12（1）: 3–21.

［126］TEOH S H. Auditor independence, dismissal threats, and the market reaction to auditor switches[J]. Journal of Accounting Research, 1992, 30（1）: 1–23.

［127］LEE T A. Corporate audit theory[M]. New York: Chapman & Hall, 1993.

［128］WANG D, ZHOU J. The impact of PCAOB auditing standard No. 5 on audit fees and audit quality[J]. Accounting Horizons, 2012, 26（3）: 493–511.

［129］WANG Q, WONG T J, XIA L. State ownership, the institutional environment, and auditor choice: evidence from China[J]. Journal of Accounting and Economics, 2008, 46（1）: 112–134.

［130］XIE B, DAVIDSON III W N, DADALT P J. Earnings management and corporate governance: the role of the board and the audit committee[J]. Journal of Corporate Finance, 2003, 9（3）: 295–316.

［131］XIE Z, CAI C, YE J, et al. Abnormal audit fees and audit opinion–further evidence from China's capital market[J]. China Journal of Accounting Research, 2010, 3（Z1）: 51–70.

［132］蔡春. 审计理论结构研究[M]. 大连: 东北财经大学出版社, 2001: 112–122.

［133］曹强. 中国上市公司财务重述原因分析[J]. 经济管理, 2010（10）: 127–134.

［134］曾建光, 伍利娜, 王立彦. 中国式拆迁、投资者保护诉求与应计盈余质量: 基于制度经济学与Internet治理的证据[J]. 经济研究, 2013（7）: 90–103.

［135］陈海清. 内部控制评审主体研究[J]. 审计与经济研究, 2002（11）: 9–11.

[136] 陈汉文，张宜霞. 企业内部控制的有效性及其评价方法[J]. 审计研究，2008（3）：50-56.

[137] 陈娇娇，方红星. 审计关系错配、盈余质量与整合审计收费[J]. 审计与经济研究，2019，34（1）：24-32.

[138] 陈杰平，苏锡嘉，吴溪. 异常审计费用与不利审计结果的改善[J]. 中国会计与财务研究，2005（4）：46-54.

[139] 陈凌云，李弢. 机会主义还是稳健主义？——来自中国上市公司解聘审计师的经验证据[J]. 财贸研究，2006（5）：131-139.

[140] 陈宋生，曹圆圆. 股权激励下的审计意见购买[J]. 审计研究，2018（1）：59-67.

[141] 陈小林，林昕. 盈余管理，盈余管理属性与审计意见[J]. 会计研究，2011（6）：77-85.

[142] 陈晓宇，汪津，赵莎，等. 审计意见购买行为研究的文献综述[J]. 中国证券期货，2012（5）：278-280.

[143] 程小可，郑立东，姚立杰. 内部控制能否抑制真实活动盈余管理？——兼与应计盈余管理之比较[J]. 中国软科学，2013（3）：120-131.

[144] 程晓陵，王怀明. 公司治理结构对内部控制有效性的影响[J]. 审计研究，2008（4）：110-111.

[145] 单华军. 内部控制、公司违规与监管绩效改进：来自2007—2008年深市上市公司的经验证据[J]. 中国工业经济，2010（11）：142-150.

[146] 刁玉青，陈耿，韩志耕. 浅析审计质量的替代指标[J]. 时代金融，2016（15）：330-331.

[147] 丁含，杜晓荣. 审计意见购买问题综述[J]. 中国市场，2011（1）：87-88.

[148] 樊瑞炜，傅宏宇. 我国审计费用影响因素研究现状及未来趋势[J]. 中国注册会计师，2017（6）：55-61.

[149] 范经华，张雅曼，刘启亮. 内部控制、审计师行业专长、应计与真实盈余管理[J]. 会计研究，2013（4）：81-88.

［150］方红星，陈娇娇.整合模式下两类审计收费之间的交叉补贴：知识溢出效应还是规模经济效应？[J].审计研究，2016（1）：68-75.

［151］方红星，金玉娜.高质量内部控制能抑制盈余管理吗？——基于自愿性内部控制鉴证报告的经验研究[J].会计研究，2011（8）：53-60.

［152］方红星，刘丹.内部控制质量与审计师变更：来自我国上市公司的经验证据[J].审计与经济研究，2013（2）：16-24.

［153］傅绍正，张俊民，肖志超.内部控制单独审计和整合审计比较研究：基于审计成本和审计质量视角[J].中央财经大学学报，2016（4）：61-70.

［154］傅绍正.内部控制审计费用的影响因素研究[J].中国注册会计师，2013（11）：77-82.

［155］干胜道，胡明霞.管理层权力、内部控制与过度投资：基于国有上市公司的证据[J].审计与经济研究，2014，29（5）：40-47.

［156］高芳.公司治理、管理者代理问题与财务重述研究[J].南开管理评论，2016，19（3）：168-177.

［157］管亚梅.大股东"隧道挖掘"下的审计合谋历程审视[J].财经理论与实践，2013，34（1）：63-66.

［158］寒阳."非清洁"内控审计意见是否得到了充分的关注？——基于债权人视角的经验证据[J].中央财经大学学报，2017（8）：57-64.

［159］何芹.内部控制评价的比较分析[J].财会通讯，2005（11）：16-18.

［160］黄崑，张立民.监管政策、审计师变更与后任审计师谨慎型[J].审计研究，2010（1）：65-74.

［161］黄微平，陈洁娜.企业并购与审计意见变更[J].会计之友，2007（8）：30-31.

［162］雷英，吴建友，孙红.内部控制审计对会计盈余质量的影响：基于沪市A股上市公司的实证分析[J].会计研究，2013（11）：75-81.

［163］黎黎.基于审计师变更角度的审计意见购买研究综述[J].经济研究导刊，2012（7）：74-75.

［164］李娜.上市公司审计意见购买动机及监管研究[J].中国乡镇企业会

计，2010（12）：149-150.

［165］李爽，吴溪.审计师变更的监管思想、政策效应与学术含义：基于2002年中国注册会计师协会监管措施的探讨[J].会计研究，2002（11）：32-36.

［166］李晓.审计费用、审计意见与公司经营风险关联性分析：来自中国证券市场的经验证据[J].财会通讯，2014（36）：34-37.

［167］李晓慧，杨坤.审计师变更、异常审计费用与会计信息透明度研究[J].中央财经大学学报，2016（10）：60-69.

［168］李越冬，张冬，刘伟伟.内部控制重大缺陷、产权性质与审计定价[J].审计研究，2014（2）：45-52.

［169］李增泉.实证分析：审计意见的信息含量[J].会计研究，1999（8）：17-23.

［170］李志刚，施先旺，刘拯.分析师能发现审计合谋吗？——基于我国上市公司的经验证据[J].财经论丛，2015（7）：56-65.

［171］林斌，饶静.上市公司为什么自愿披露内部控制鉴证报告？——基于信号传递理论的实证研究[J].会计研究，2009（2）：45-52.

［172］林斌，孙烨，刘瑾.内部控制、信息环境与资本成本：来自中国上市公司的经验证据[J].证券市场导报，2012（11）：26-31.

［173］刘峰，张立民，雷科罗.我国审计市场制度安排与审计质量需求：中天勤客户流向的案例分析[J].会计研究，2002（12）：22-27.

［174］刘海娟.审计意见购买行为动机与特征分析：基于证监会处罚决定书的实证研究[J].财会通讯，2015（21）：30-32.

［175］刘慧婷，杨永聪.企业产权性质影响了证券监管的有效性吗？——基于企业盈余管理的视角[J].广东财经大学学报，2018，33（1）：49-58.

［176］刘启亮，郭俊秀，汤雨颜.会计师事务所组织形式、法律责任与审计质量：基于签字审计师个体层面的研究[J].会计研究，2015（4）：86-94.

［177］刘笑霞，李明辉.代理冲突、董事会质量与"污点"审计师变更

[J].会计研究,2013,(11):67-74.

[178]刘笑霞,李明辉.行政处罚能提高审计质量吗?——基于中国证监会2008—2010年行政处罚案的经验研究[J].证券市场导报,2013(6):27-32.

[179]刘亚莉,胡志颖,徐晓宇.注册会计师的注意领域与审计质量:基于对我国资本市场审计意见及证监会处罚公告的调查[J].审计研究,2006(5):32-38.

[180]刘艳丽,丁丽华.上市公司意见购买现象分析[J].经济论坛,2004(24):111-112.

[181]刘艳丽.浅议对我国上市公司意见购买行为的监管[J].市场论坛,2007(12):33-29.

[182]刘玉廷,王宏.提升企业内部控制有效性的重要制度安排:关于实施企业内部控制注册会计师审计的有关问题[J].会计研究,2010(7):4-8.

[183]卢太平,张东旭.融资需求,融资约束与盈余管理[J].会计研究,2014(1):35-41.

[184]陆文颖,王玉娇."不清洁"审计意见与不同意见购买方式研究[J].中国商论,2015(19):159-161.

[185]罗春华,唐建新,王宇生.注册会计师个人特征与会计信息稳健性研究[J].审计研究,2014(1):56-67.

[186]吕先锫,王伟.注册会计师非标准审计意见影响因素的实证研究:来自中国证券市场的行业经验证据[J].审计研究,2007(1):51-58.

[187]毛新述,孟杰.内部控制与诉讼风险[J].管理世界,2013(11):155-165.

[188]戴亦一,潘越,陈芬.媒体监督、政府质量与审计师变更[J].会计研究,2013(10):89-95.

[189]莫茨,夏拉夫.审计理论结构[M].北京:中国商业出版社,1990:88-90.

[190]倪慧萍,时现.审计风险转移功能与保险性质审计收费:审计保险假说的进一步检验[J].审计与经济研究,2014(2):32-39.

［191］倪小雅，张龙平.整合审计、审计质量与审计费用[J].华东经济管理，2015（5）：113-117.

［192］潘秀丽.对内部控制若干问题的研究[J].会计研究，2001（6）：22-25.

［193］齐保垒，田高良，李留闯.上市公司内部控制缺陷与财务报告信息质量[J].管理科学，2010（4）：38-47.

［194］申慧慧，吴联生，肖泽忠.环境不确定性与审计意见：基于股权结构的考察[J].会计研究，2010（12）：59-66.

［195］宋常，杨华领，李沁洋.审计师行业专长与企业费用粘性[J].审计研究，2016（6）：72-79.

［196］汤晓建，张俊生.自愿性披露内部控制审计费用能够提高内部控制审计独立性吗？[J].审计研究，2017（3）：90-96.

［197］唐跃军.审计费用、审计委员会与意见购买：来自2004—2005年中国上市公司的证据[J].金融研究，2007（4a）：114-128.

［198］汪猛.盈余管理视角下的审计收费研究[J].经济研究导刊，2009（6）：91-92.

［199］汪月祥，王喆祥，孙娜.上市公司审计师变更特征、行业自律管理与审计质量研究：基于上市公司年报事务所变更报备信息研究[J].中国注册会计师，2016（12）：33-38.

［200］王春飞，陆正飞.事务所"改制"、保险价值与投资者保护[J].会计研究，2014（5）：81-87.

［201］王春飞.扭亏、审计师变更与审计意见购买[J].审计与经济研究，2006（5）：31-35.

［202］王广明，张奇峰.注册会计师"诚信"的经济学分析[J].会计研究，2003（4）：41-48.

［203］王慧芳.内部控制缺陷认定：现状、困境及基本框架重构[J].会计研究，2011（8）：61-67.

［204］王敬秀.关于审计意见购买的研究分析[J].财会学习，2017（3）：

124-127.

[205] 王立彦，谌嘉席，伍利娜. 我国上市公司审计费用存在"粘性"吗？[J]. 审计与经济研究，2014（3）：3-12.

[206] 王杏芬. 整合审计提高了财务报告质量吗？——系统协同理论视角的经验证据[J]. 江西财经大学学报，2011（4）：26-33.

[207] 王艳艳，陈汉文，于李胜. 代理冲突与高质量审计需求：来自中国上市公司的经验数据[J]. 经济科学，2006（2）：72-82.

[208] 王跃堂，陈世敏. 脱钩改制对审计独立性影响的实证研究[J]. 审计研究，2001（3）：66-76.

[209] 温忠麟，叶宝娟. 中介效应分析：方法和模型发展[J]. 心理科学进展，2014（5）：731-745.

[210] 文硕. 世界审计史（修订版）[M]. 上海：立信会计出版社，2018：379-380.

[211] 吴联生. 审计意见购买：行为特征与监管策略[J]. 经济研究，2005（7）：66-76.

[212] 吴溪，杨育龙，陈旭霞. "非清洁"内控审计意见的市场反应充分吗？[J]. 审计研究，2016（1）：60-67.

[213] 吴益兵. 内部控制审计、价值相关性与资本成本[J]. 经济管理，2009（9）：64-69.

[214] 吴永明，袁春生. 法律治理、投资者保护与财务舞弊：一项基于上市公司的经验证据[J]. 中国工业经济，2007（3）：106-113.

[215] 吴勇，陈若旸，朱卫东. 内部控制质量对真实盈余管理的影响研究：基于强制性内部控制审计及评价报告的实证研究[J]. 华东经济管理，2018，32（5）：149-156.

[216] 伍利娜，王春飞，陆正飞. 企业集团审计师变更与审计意见购买[J]. 审计研究，2013（1）：70-78.

[217] 伍利娜. 审计定价影响因素研究：来自中国上市公司首次审计费用披露的证据[J]. 中国会计评论，2003（6）：113-128.

[218] 夏文贤，陈汉文.审计师变更、审计费用与审计委员会效率[J].财会通讯（学术版），2006（2）：3-9.

[219] 谢盛纹，李远艳.公司高管与签字注册会计师的校友关系对审计意见的影响：来自中国证券市场的经验证据[J].当代财经，2017（6）：109-119.

[220] 熊婷，程博，王建玲.产权性质、管理层持股与外部审计需求[J].广东财经大学学报，2016，31（1）：78-88.

[221] 徐虹.内部控制审计鉴证对财务分析师盈利预测误差的影响[J].河北经贸大学学报，2014，182（1）：63-72.

[222] 徐荣华，孔鹏鹏.中国审计市场制度安排与研究思考：兼评审计意见购买的内在机理[J].财会通讯，2011（15）：34-161.

[223] 徐荣华.审计意见购买行为特征及监管研究述评[J].中国注册会计师，2012（3）：91-94.

[224] 许成钢.法律、执法与金融监管：介绍"法律的不完备性"理论[J].经济社会体制比较，2001（5）：1-12.

[225] 许骞，曾建光，王立彦.强制内控审计改变了上市公司财务操控程度和手段么？[J].审计研究，2014（6）：92-99.

[226] 严玉洁.基于审计费用角度的审计意见购买研究综述[J].商业会计，2013（16）：27-28.

[227] 杨兵艳，黄晓波.上市公司审计意见购买动机及监管研究[J].中国管理信息化，2009，12（22）：53-54.

[228] 杨德明，林斌，王彦超.内部控制、审计质量与代理成本[J].财经研究，2009，35（12）：40-49.

[229] 杨坤，李晓慧.审计师变更与分析师关注的实证研究[J].中国注册会计师，2016（11）：52-57.

[230] 杨清香，张晋，杨洲舟，等.整合审计与审计费用：基于规模协同与知识溢出的双重视角[J].会计研究，2017（3）：82-95.

[231] 杨硕.审计费用的提高使存在盈余管理的公司获得标准审计意见了吗？[J].财会学习，2017（2）：144-145.

［232］杨艳文，余德慧.内部控制审计制度的执行增加了审计费用吗？[J].北京工商大学学报，2016，31（2）：33-45.

［233］杨有红，陈凌云.2007年沪市公司内部控制自我评价研究：数据分析与政策建议[J].会计研究，2009（6）：58-64.

［234］耀友福.新闻媒体报道与内部控制意见购买[J].审计研究，2018（4）：111-119.

［235］叶建芳，李丹蒙，章斌颖.内部控制缺陷及其修正对盈余管理的影响[J].审计研究，2012（6）：50-59.

［236］尤克清，张昊晨.分析师盈利预测偏差对审计意见购买的影响[J].中国注册会计师，2017（6）：74-78.

［237］袁蓉丽，陈黎明，文雯.上市公司内部控制审计报告自愿披露的经济效果研究：基于倾向评分匹配法和双重差分法的分析[J].经济理论与经济管理，2014（6）：71-83.

［238］岳衡.大股东资金占用与审计师的监督[J].中国会计评论，2006（1）：59-68.

［239］翟胜宝，张雯，曹源，等.分析师跟踪与审计意见购买[J].会计研究，2016（6）：86-95.

［240］张国清，夏立军.自愿性内部控制审计是否增加了企业的审计负担？[J].经济管理，2013（5）：96-107.

［241］张红英，高晟星.内部控制缺陷和审计费用关系的实证研究——基于内部控制缺陷细化视角[J].财经论丛，2014，184（8）：51-59.

［242］张继勋，何亚南.内部控制审计意见类型与个体投资者对无保留财务报表审计意见的信心——一项实验证据[J].审计研究，2013（4）：93-100.

［243］张继勋，徐奕.上市公司审计收费影响因素研究：来自上市公司2001—2003年的经验证据[J].中国会计评论，2005（1）：99-116.

［244］张继勋，周冉，孙鹏.内部控制披露、审计意见、投资者的风险感知和投资决策：一项实验证据[J].会计研究，2011（9）：66-73.

［245］张俊民，宋婕.媒体报道抑制管理层审计意见购买行为吗？——基

于信息效应与治理效应的实证检验[J].中央财经大学学报，2019（7）：64-78.

［246］张俊民，王文清，傅绍正.内部控制审计模式影响权益资本成本吗？[J].中央财经大学学报，2018（2）：65-75.

［247］张立民.完善事务所内部治理有效防范审计风险：国外会计师事务所内部治理实践的启示[J].中国注册会计师，2006（6）：20-23.

［248］张立民，邢春玉，李琰.持续经营审计意见、管理层自信与投资效率[J].审计研究，2017（1）：14-21.

［249］张立民，邢春玉，温菊英.国有企业政治关联、政府审计质量和企业绩效：基于我国A股市场的实证研究[J].审计与经济研究，2015（5）：45-60.

［250］张龙平，王军只，张军.内部控制鉴证对会计盈余质量的影响研究：基于沪市A股公司的经验证据[J].审计研究，2010（2）：85-92.

［251］张敏，朱小平.中国上市公司内部控制问题与审计定价关系研究：来自中国A股上市公司的横截面数据[J].经济管理，2010（9）：108-113.

［252］张强.我国资本市场审计意见购买研究：以中小板和创业板市场为例[J].中国注册会计师，2015（7）：65-73.

［253］张然，王会娟，许超.披露内部控制自我评价与鉴证报告会降低资本成本吗？——来自中国A股上市公司的经验证据[J].审计研究，2012（1）：96-102.

［254］张仁寿.注册会计师审计意见行为模式的透镜研究：基于广州市执业注册会计师问卷调查和实验研究的实证分析[J].审计研究，2006（4）：44-55.

［255］张瑞，顾枫，张清风.内部控制、盈余管理与审计收费[J].财会通讯，2015（33）：29-32.

［256］张旺峰，张兆国，杨清香.内部控制与审计定价研究：基于中国上市公司的经验证据[J].审计研究，2010（5）：67-74.

［257］张薇.审计技术变迁下审计意见购买：特征与监管[J].财经问题研究，2011（2）：124-129.

［258］张薇.审计意见购买的有序多项Logit实证检验：一个自愿性变更审

计师的视角[J].财经理论与实践,2010,31(2):69-73.

[259]张薇.审计意见购买研究:规范与实证的演绎[J].湖南财政经济学院学报,2011,27(2):120-124.

[260]张薇.准则变迁对审计意见购买动机影响的实证分析[J].财会月刊,2010(12):78-79.

[261]张维,张杰.审计意见与企业价值的实证研究[J].金融理论与实践,2013(5):26-30.

[262]张晓岚,沈豪杰.内部控制、内部控制信息披露及公司治理:嵌合治理框架的建构及理论诠释[J].当代经济科学,2011(6):115-121.

[263]张宜霞.财务报告内部控制审计收费的影响因素:基于中国内地在美上市公司的实证研究[J].会计研究,2011(12):79-99.

[264]张子健.审计师变更与内部控制审计意见购买[J].财经论丛,2018(3):68-76.

[265]仇立文,张立民.内部控制审计中存在审计意见购买行为吗?——来自中国上市公司内部控制审计的经验证据[J].经济经纬,2019,36(3):118-125.

[266]赵文婷.异常审计费用在审计质量变化中的影响研究[J].经营管理者,2016(24):25-33.

[267]钟纯,刘雷.政治关联与审计行为研究述评[J].财会月刊,2012(20):56-58.

[268]钟健.中注协约谈部分事务所负责人提示上市公司2010年年报审计风险[J].中国注册会计师,2011(3):35-44.

[269]周超.论独立董事制度对独立审计的促进[J].经济研究导刊,2010(27):83-84.

[270]周继军,张旺峰.内部控制、公司治理与管理者舞弊研究:来自中国上市公司的经验证据[J].中国软科学,2011(8):141-154.

[271]朱道宁.诉讼风险、内部控制质量与审计收费[J].中国注册会计师,2015(7):47-53.

［272］朱鹏飞，张丹妮，周泽将.企业风险承担会导致审计溢价吗？——基于产权性质和费用粘性视角的拓展性分析[J].中南财经政法大学学报，2018（9）：72-80.

［273］朱欣蕊.从审计意见变化中探寻监管新路径：基于2007年至2012年上市公司年报数据分析[J].金融经济，2014（2）：123-124.

［274］左晶晶，谢仍明，唐跃军.审计委员会治理、避亏动机与审计意见购买[J].证券市场导报，2013（9）：33-39.

附录A
第4章相关系数表

	DAA	AbsREM	Restatement	PANELTY	ICAUDIT	MW	AUChange	STATE	LogAGE
DAA	1								
AbsREM	0.277***	1							
Restatement	0.052***	0.0180	1						
PANELTY	0.056***	0.00700	0.115***	1					
ICAUDIT	−0.031***	−0.0150	−0.0190	−0.020***	1				
MW	0.033***	0.00700	0.336***	0.385***	0.416***	1			
AUChange	0.049***	0.00800	0.052***	0.042***	0.045***	0.042***	1		
STATE	−0.041***	−0.065***	−0.049***	−0.075***	0.191***	0.039***	0.026***	1	
LogAGE	0.075***	0.035***	0.00100	0.034***	0.077***	0.060***	0.125***	0.410***	1
GROWTH	0.217***	0.214***	0.052***	0.0130	−0.00300	0.0190	0.045***	−0.027***	0.032*
LEV	0.128***	0.040***	0.024***	0.072***	−0.00600	0.028***	0.043***	0.253***	0.344***
LOSS	0.084***	−0.059***	0.060***	0.112***	−0.00600	0.080***	0.034***	0.040***	0.098*
SIZE	0.00500	0.025***	−0.044***	−0.060***	0.034***	−0.060***	−0.041***	0.235***	0.150***
CEOduality	−0.0100	0.025***	0.028***	0.039***	0.00300	0.022***	−0.00500	−0.265***	−0.204
Oneshareholder	0.0160	0.044***	−0.070***	−0.088***	0.045***	−0.054***	0.00200	0.165***	−0.101
INDEPcommit	0.00900	0.00800	0.00900	−0.00300	0.024***	0.0110	−0.0150	−0.077***	−0.042
SIZEcommit	−0.048***	−0.0180	−0.00700	−0.031***	0.015	−0.0100	0.033***	0.258***	0.120***
CFLOW	−0.158***	0.066***	−0.024***	−0.080***	0.0110	−0.041***	−0.00100	−0.00300	−0.074
ROA	−0.024***	0.214***	−0.070***	−0.115***	−0.00700	−0.091***	−0.035***	−0.071***	−0.112
FRAuditOpin	0.095***	−0.0190	0.059***	0.138***	0	0.093***	0.030***	−0.0120	0.086*

注：***、**、*分别表示在1%、5%、10%水平上显著（双尾检验）。

附录 A 第 4 章相关系数表

	ROWTH	LEV	LOSS	SIZE	CEOduality	Onesharehold	INDEPcommit	SIZEcommit	CFLOW	ROA	FRAuditOpin
	1										
	.048***	1									
	0.139***	0.175***	1								
	.114***	0.427***	−0.114***	1							
	.0140	−0.100***	−0.00300	−0.101***	1						
	.032***	0.037***	−0.088***	0.214***	−0.037***	1					
	00100	−0.00100	0.0140	0.00300	0.119***	0.044***	1				
	0.0100	0.118***	−0.0190	0.226***	−0.183***	0.00100	−0.511***	1			
	.00900	−0.183***	−0.175***	0.044***	−0.0180	0.091***	−0.0180	0.033***	1		
	186***	−0.260***	−0.603***	0.125***	0.0140	0.146***	−0.030***	0.048***	0.415***	1	
	.00400	0.138***	0.251***	−0.106***	−0.0150	−0.089***	0.0170	−0.00800	−0.098***	−0.219***	1

附录B
第6章相关系数表

	AFEE	ICAFEE	ICAUDIT	LITIRISK	MW	SIZE	LEV	GROWTH	LIQUID	CFLOW	ROA	MB
AFEE	1											
ICAFEE	0.852***	1										
ICAUDIT	0.241***	0.033***	1									
LITIRISK	0.015*	0.024**	0.00600	1								
MW	0	−0.035***	0.278***	0.368***	1							
SIZE	0.762***	0.673***	0.190***	−0.035***	−0.040***	1						
LEV	0.326***	0.294***	0.071***	0.133***	0.075***	0.459***	1					
GROWTH	−0.00900	0.0160	−0.016*	−0.00400	−0.00400	−0.00400	0.00800	1				
LIQUID	−0.165***	−0.137***	−0.034***	−0.045***	−0.032***	−0.196***	−0.406***	−0.00400	1			
CFLOW	0.055***	0.025**	0.0120	−0.099***	−0.066***	0.065***	−0.166***	−0.00100	0.00100	1		
ROA	0.027***	−0.00200	0.00100	−0.150***	−0.118***	0.081***	−0.284***	0	0.076***	0.398***	1	
MB	0.377***	0.365***	0.055***	−0.082***	−0.048***	0.593***	0.372***	0.00400	−0.150***	−0.067***	−0.099***	1
AGE	0.126***	0.082***	0.125***	0.081***	0.070***	0.179***	0.311***	0.00900	−0.134***	−0.067***	−0.108***	0.057
Inventorasset	0.00800	0.00400	−0.0120	0.017**	−0.018**	0.106***	0.303***	−0.00300	−0.033***	−0.214***	−0.072***	0.111
Accountasset	−0.075***	−0.043***	−0.050***	0.00700	0.00700	−0.143***	0.016*	−0.00300	−0.0110	−0.167***	−0.018**	−0.105
CEOduality	−0.086***	−0.087***	−0.048***	0.020**	0.00300	−0.134***	−0.109***	−0.00200	0.059***	−0.00900	0.020**	−0.100
INDEPcommit	0.054***	0.069***	0.017**	0.00100	0	0.041***	0.0120	−0.00600	0.021***	−0.027***	−0.040***	−0.005
SIZEcommit	0.165***	0.146***	0.048***	−0.0110	−0.00200	0.245***	0.132***	0.00200	−0.084***	0.052***	0.037***	0.168
DEFICI	0.181***	0.059***	0.227***	0.058***	0.088***	0.155***	0.122***	−0.00600	−0.062***	−0.0120	−0.086***	0.056
ICcost	0.332***	0	0.486***	0.021***	0.088***	0.238***	0.155***	−0.00900	−0.084***	0.00600	−0.037***	0.099
STATE	0.183***	0.133***	0.211***	−0.032***	−0.00500	0.300***	0.253***	0.00800	−0.131***	0.015*	−0.067***	0.211
FRAUD	−0.053***	−0.021*	−0.039***	0.563***	0.617***	−0.082***	0.062***	−0.00200	−0.023***	−0.077***	−0.113***	−0.04
ABH	0.435***	0.305***	0.086***	−0.020**	−0.028***	0.337***	0.101***	−0.00200	−0.052***	0.039***	−0.00100	0.162
FRBIG4	0.469***	0.397***	0.077***	−0.045***	−0.055***	0.366***	0.094***	−0.00200	−0.057***	0.076***	0.058***	0.164
AUChange	−0.050***	−0.0160	−0.00600	0.018**	0.050***	−0.0027***	0.054***	0.016**	−0.0130	−0.0110	−0.025***	0.044

注：***、**、*分别表示在1%、5%、10%水平上显著（双尾检验）。

附录 B 第 6 章相关系数表

	Inventorasset	Accountasset	CEOduality	INDEPcommit	SIZEcommit	DEFICI	ICcost	STATE	FRAUD	ABH	FRBIG4	AUChange
	1											
	−0.100***	1										
	−0.00400	0.062***	1									
	0.023***	0.018**	0.105***	1								
	−0.053***	−0.084***	−0.178***	−0.494***	1							
	−0.015*	−0.054***	−0.074***	0.032***	0.035***	1						
	0.00500	−0.117***	−0.124***	0.0120	0.078***	0.336***	1					
	0.00400	−0.158***	−0.278***	−0.038***	0.248***	0.161***	0.322***	1				
	0.00200	0.0120	0.033***	−0.00700	−0.021***	0.031***	−0.043***	−0.085***	1			
	−0.049***	−0.048***	−0.048***	0.048***	0.101***	0.079***	0.076***	0.138***	−0.050***	1		
	−0.026***	−0.057***	−0.062***	0.044***	0.086***	0.052***	0.093***	0.124***	−0.060***	0.413***	1	
	0.022***	−0.00800	−0.029***	−0.00800	0.038***	−0.00900	−0.00800	0.067***	0.052***	0.00600	0.016**	1

附录C

第7章相关系数表

	DEFI ICA	High_ICA	DA	Restatement	SIZE	AGE	SUB	ABH	STATE	Inventorasset	Accountsset	CF
DEFI ICA	1											
High_ICA	0.412***	1										
DA	−0.00300	−0.00300	1									
Restatement	−0.023**	−0.056***	0.042***	1								
SIZE	0.118***	0.202***	−0.062***	−0.059***	1							
AGE	0.134***	0.196***	0.059***	0.033***	0.181***	1						
SUB	0.052***	0.102***	−0.026***	−0.018**	0.438***	0.072***	1					
ABH	0.064***	0.079***	−0.050***	−0.039***	0.354***	−0.00400	0.139***	1				
STATE	0.137***	0.143***	−0.065***	−0.039***	0.287***	0.412***	0.046***	0.133***	1			
Inventorasset	−0.00800	−0.021**	0.149***	0.00400	0.114***	0.141***	0.132***	−0.053***	0.0100	1		
Accountasset	−0.057***	−0.071***	0.027***	0.00800	−0.159***	−0.228***	−0.070***	−0.047***	−0.156***	−0.088***	1	
CFLOW	−0.025***	−0.024***	−0.181***	−0.056***	0.074***	−0.075***	−0.018*	0.043***	0.0130	−0.214***	−0.161***	
LOSS	0.095***	0.119***	0.082***	0.072***	−0.105***	0.103***	−0.070***	−0.00700	0.028***	−0.0120	−0.033***	−0
MB	0.052***	0.099***	−0.053***	−0.018*	0.612***	0.050***	0.189***	0.179***	0.219***	0.102***	−0.114***	
LIT	0.071***	0.095***	0.074***	0.075***	−0.039***	0.092***	0.021***	−0.022**	−0.031***	0.00800	0.00800	−0
FRBIG4	0.036***	0.052***	−0.050***	−0.066***	0.384***	0.031***	0.140***	0.436***	0.117***	−0.028***	−0.062***	0.
AUChange	−0.00900	−0.057***	0.047***	0.046***	−0.0140	0.102***	−0.054***	0.00800	0.117***	0.018**	−0.0140	−0
ROA	−0.108***	−0.157***	−0.062***	−0.082***	0.069***	−0.138***	0.033***	−0.00500	−0.091***	−0.079***	−0.017*	0.
LEV	0.125***	0.159***	0.081***	0.049***	0.462***	0.303***	0.212***	0.108***	0.254***	0.297***	0.018**	−0
GROWTH	0.00500	−0.00300	0.112***	0.00300	0.028***	0.017*	0.0130	−0.0110	−0.040***	0.00700	−0.00100	0.
QRATIO	−0.094***	−0.115***	−0.015*	−0.022**	−0.318***	−0.243***	−0.124***	−0.078***	−0.206***	−0.232***	0.055***	0.
AFEE	0.142***	0.193***	−0.057***	−0.057***	0.768***	0.131***	0.425***	0.466***	0.172***	0.018**	−0.090***	
KZ	0.087***	0.104***	0.067***	0.070***	−0.032***	0.228***	0.034***	−0.00400	0.095***	0.262***	0.109***	0.
OneShareHold	0.018**	−0.0120	−0.018**	−0.058***	0.242***	−0.104***	0.044***	0.079***	0.218***	0.028***	−0.070***	0
INSTPCT	0.079***	0.115***	−0.046***	−0.068***	0.419***	0.229***	0.151***	0.178***	0.363***	0.018**	−0.142***	

注：***、**、*分别表示在1%、5%、10%水平上显著（双尾检验）。

	MB	LIT	FRBIG4	AUChange	ROA	LEV	GROWTH	QRATIO	AFEE	KZ	OneShareHold	INSTPCT
***	1											
**	−0.092***	1										
***	0.177***	−0.049***	1									
**	0.056***	0.017*	0.024***	1								
**	−0.098***	−0.156***	0.058***	−0.028***	1							
**	0.380***	0.131***	0.097***	0.067***	−0.305***	1						
***	0.017*	0.017*	0.021**	0.036***	0.039***	0.023***	1					
***	−0.265***	−0.060***	−0.085***	−0.034***	0.176***	−0.647***	−0.00700	1				
***	0.405***	0.00900	0.493***	−0.046***	0.017**	0.337***	0.030***	−0.251***	1			
***	−0.028***	0.178***	−0.053***	0.00600	−0.516***	0.550***	−0.103***	−0.394***	0.00200	1		
***	0.172***	−0.083***	0.153***	0.033***	0.136***	0.040***	0	−0.018**	0.149***	−0.128***	1	
***	0.071***	−0.077***	0.231***	0.042***	0.115***	0.177***	−0.015*	−0.154***	0.312***	−0.049***	0.416***	1

附录D
Fama-French三因子模型因子构建说明

- 规模的分组点为中位数，前50%为小规模组（S，Small），后50%为大规模组（B，Big）。
- 账面市值比的分组点都为第30个和第70个百分位数。前30%为低账面市值比组（L，Low），中间40%为中账面市值比组（N，Neural），后30%为高账面市值比组（H，High）。
- $SMB=(SH+SN+SL)/3-(BH+BN+BL)/3$。
- $HML=(SH+BH)/2-(SL+BL)/2$。
- 分25组回归的时候计算组合收益率采用流通市值加权平均法计算的组合收益率。